ESTUDIO BÍBLICO CATÓLICO DE LIBROS LIGUORI

Narraciones bíblicas

TOBÍAS, JUDIT, ESTER,
1 Y 2 MACABEOS

P. WILLIAM A. ANDERSON, DMIN, PHD
Y P. LUCAS TEIXEIRA, SSL

LIBROS
LIGUORI

Imprimi Potest:
Stephen Rehrauer, CSsR, Provincial
Provincia de Denver, Los Redentoristas

Imprimatur: "Conforme al C. 827 el Reverendísimo Edward M. Rice, obispo auxiliar de St. Louis, concedió el Imprimátur para la publicación de este libro el 12 de marzo de 2015. El Imprimátur es un permiso para la publicación que indica que la obra no contiene contradicciones con las enseñanzas de la Iglesia Católica, sin embargo no implica la aprobación de las opiniones que se expresan en la obra. Con este permiso no se asume ninguna responsabilidad".

Publicado por Libros Liguori, Missouri 63057
Pedidos al 800-325-9521
Liguori.org

Library of Congress Cataloging-in-Publication Data

Anderson, William Angor, 1937-
  [Biblical novellas. Spanish]
  Narraciones bíblicas / William A. Anderson, DMin, PhD y Lucas Teixeira, SSL. -- Primera edición.
    pages cm
  Includes bibliographical references and index.
  ISBN 978-0-7648-2612-2 (alk. paper)
  1. Bible. Apocrypha. Tobit--Study and teaching. 2. Bible. Apocrypha. Judith--Study and teaching. 3. Bible. Esther--Study and teaching. 4. Bible. Apocrypha. Maccabees--Study and teaching. 5. Catholic Church--Doctrines. I. Teixeira, Lucas. II. Anderson, William Angor, 1937- Biblical novellas. Translation of: III. Title.
  BS1725.55A5318 2015
  229'.20071--dc23
                    2015005284

Los textos de la Escritura que aparecen en este libro han sido tomados de la *Biblia de Jerusalén* versión latinoamericana ©2007, Editorial Desclée de Brower. Usada con permiso. Todos los derechos reservados.

Libros Liguori, una corporación sin fines de lucro, es un apostolado de los Padres y Hermanos Redentoristas. Para más información, visite Redemptorists.com.

p ISBN 978-0-7648-2612-2
e ISBN 978-0-7648-7045-3

Impreso en Estados Unidos de América
22 21 20 19 18 / 5 4 3 2
Primera edición

Imágen de la portada: *Tobias and the Angel*, Adam Elsheimer (1578–1610/German), National Gallery, London

Índice

Dedicatoria

La serie de libros que componen la colección del Estudio Bíblico de Libros Liguori está dedicada entrañablemente a la memoria de mis padres, Kathleen y Angor Anderson, en agradecimiento por todo lo que compartieron con quienes los conocieron, especialmente con mis hermanos y conmigo.

WILLIAM A. ANDERSON

Dedico el presente Estudio Bíblico con amor a mis sobrinas Julia y Ana Alice.

LUCAS TEIXEIRA

Reconocimientos

Los estudios bíblicos y las reflexiones que contiene este libro son fruto de la ayuda de muchos que leyeron el primer borrador e hicieron sugerencias. Estoy especialmente en deuda con la Hermana Anne Francis Bartus, CSJ, D Min, cuya vasta experiencia y conocimiento fueron muy útiles para llevar, esta colección a su forma final.

WILLIAM A. ANDERSON

Agradezco en primer lugar al Dios compasivo y misericordioso (cf. Ne 9:17; Éx 34:6) que me concede la posibilidad de ofrecer esta pequeña contribución para un mayor conocimiento, aprecio y vivencia de su Palabra. Y gracias también al equipo editorial de Libros Liguori por la confianza, acogida y valoración de mi trabajo.

LUCAS TEIXEIRA

Introducción al
Estudio Bíblico de Libros Liguori

LEER LA BIBLIA puede intimidar a algunos. Es un libro complejo y muchas personas de buena voluntad que han tratado de leerla, terminaron dejándola desalentados. Por ello, ayuda tener un compañero de viaje y el Estudio Bíblico de Libros Liguori es uno confiable. En los diversos libros de esta colección, vas a aprender sobre el contenido de la Biblia, sobre sus temas, personajes y acontecimientos, y aprenderás también cómo los libros de la Biblia surgieron por la necesidad de responder ante nuevas situaciones.

A lo largo de los siglos, los creyentes se han preguntado: ¿dónde está Dios en este momento? Millones de católicos se vuelven a la Biblia en busca de aliento. La prudencia nos aconseja no emprender un estudio de la Biblia por nosotros mismos, desconectados de la Iglesia que recibió la Escritura para compartirla y custodiarla. Cuando se utiliza como una fuente para la oración y atenta reflexión, la Biblia cobra vida. Tu decisión de adoptar un programa para el estudio de la Biblia debe estar dictada por lo que esperas encontrar en él. Uno de los objetivos del Estudio Bíblico de Libros Liguori es dar a los lectores una mayor familiaridad con la estructura de la Biblia, con sus temas, personajes y mensaje. Pero eso no es suficiente. Este programa también te enseñará a usar la Escritura en tu oración. El mensaje de Dios es tan importante y tan urgente en nuestros días como lo fue entonces, pero solo nos beneficiaremos de él si lo memorizamos y conservamos en nuestras mentes. Está dirigido a toda la persona en sus esferas física, emocional y espiritual.

Nuestro Bautismo nos introduce a la vida en Cristo y estamos hoy llamados a vivir más unidos a Cristo en la medida en que practicamos los valores de la justicia, la paz, el perdón y la vida en la comunidad. La nueva alianza de Dios fue escrita en los corazones del pueblo de Israel; nosotros, sus descendientes espirituales, somos amados por Dios de una forma igualmente íntima. El Estudio Bíblico de Libros Liguori te acercará más a Dios, a cuya imagen y semejanza fuiste creado.

Estudio en grupo e individual

La colección de libros del *Estudio Bíblico de Libros Liguori* está orientada al estudio y la oración en grupo o de forma individual. Esta colección te da las herramientas necesarias para comenzar un grupo de estudio. Reunir a dos o tres personas en una casa o avisar de la reunión del grupo de estudio de la Biblia en una parroquia o comunidad puede dar resultados sorprendentes. Cada lección del Estudio Bíblico contiene una sección para ayudar a los grupos a estudiar, reflexionar y orar, y compartir con otros sus reflexiones bíblicas. Cada lección contiene también una segunda sección para el estudio individual.

Mucha gente que quiere aprender más sobre la Biblia no sabe por dónde empezar. Esta colección les da un punto de partida y les ayuda a seguir adelante hasta que se familiaricen con todos sus libros.

El estudio de la Biblia puede ser un proyecto tan largo como la vida misma, que enriquece siempre a todos los que quieren ser fieles a la Palabra de Dios. Cuando la gente completa un estudio de toda la Biblia, puede empezar otra vez, haciendo nuevos descubrimientos cada vez que se adentra de nuevo en la Palabra de Dios.

Lectio divina
(Lectura sagrada)

EL ESTUDIO BÍBLICO no consiste únicamente en adquirir conocimientos intelectuales de la Biblia; también tiene que ver con adquirir una mayor comprensión del amor de Dios y una mayor preocupación por la Creación. El fin de leer y conocer la Biblia es enriquecer nuestra relación con Dios. Dios nos ama y nos dio la Biblia para enseñarnos ese amor. En su discurso de 12 de abril de 2013 ante la Pontificia Comisión Bíblica, el Papa Francisco subrayó que "la vida y misión de la Iglesia se fundan en la Palabra de Dios que es el alma de la teología y al mismo tiempo inspira toda la vida cristiana".

El significado de *Lectio divina*

Lectio divina es una expresión latina que significa "lectura sagrada o divina". El proceso para la *Lectio divina* consiste en leer la Escritura, reflexionar y orar. Muchos clérigos, religiosos y laicos usan la *Lectio divina* en su lectura espiritual todos los días para desarrollar una relación más cercana y amorosa con Dios. Aprender sobre la Sagrada Escritura tiene como finalidad llevar a la vida personal su mensaje, lo cual requiere un periodo de reflexión sobre ella.

Oración y *Lectio divina*

La oración es un elemento necesario para la práctica de la *Lectio divina*. Todo el proceso de lectura y reflexión de la Escritura es en el fondo es una oración, no un esfuerzo puramente intelectual; es también un esfuerzo espiritual. En la página 14 se ofrece una oración introductoria para reunir los propios pensamientos antes de abordar los diversos pasajes de cada sección. Esta oración se puede decir en privado o en grupo. Para los que usan el libro en su lectura espiritual de todos los días, la oración para cada apartado puede repetirse todos los días. También puede ser útil llevar un diario de las meditaciones que se hacen cada día.

Ponderar la Palabra de Dios

La *Lectio divina* es la antigua práctica espiritual de los cristianos de leer la Sagrada Escritura con una intencionalidad y con devoción. Esta práctica les ayuda a centrarse y a bajar a su corazón para entrar en un espacio íntimo y silencioso donde puedan encontrarse con Dios.

Esta lectura sagrada es distinta de la lectura para adquirir conocimientos o información, y es más que la práctica piadosa de la lectura espiritual. Es la práctica de abrirnos a la acción e inspiración del Espíritu Santo. Mientras nos concentramos de forma consciente y nos hacemos presentes al significado íntimo del pasaje de la Escritura, el Espíritu Santo ilumina nuestras mentes y corazones. Llegamos al texto queriendo ser transformados por un significado más profundo que se encuentra en las palabras y pensamientos que estamos ponderando.

En este espacio nos abrimos a los retos y a la posibilidad de ser cambiados por el significado íntimo de la Escritura. Nos acercamos al texto con espíritu de fe y con obediencia, como un discípulo deseoso de ser instruido por el Espíritu Santo. A medida que saboreamos el texto sagrado, abandonamos la actitud controladora de quien quiere decir a Dios cómo actuar en nuestras vidas y rendimos nuestro corazón y nuestra conciencia a la acción de lo divino (*divina*) a través de la lectura (*Lectio*).

El principio fundamental de la *Lectio divina* nos lleva a entender mejor el profundo misterio de la Encarnación, "La Palabra se hizo carne", no solo en la historia, sino también en nosotros mismos.

Rezar la *Lectio* en nuestros días

Relaja tu cuerpo y mantén una postura de oración (sentado, con la espalda recta, ojos cerrados, ambos pies en el piso). Ahora sigue estos cuatro sencillos pasos:

1. Lee un pasaje de la Escritura o las lecturas de la Misa del día. Esta parte se llama *Lectio* (si la Palabra de Dios se lee en voz alta, quienes escuchan deben hacerlo atentamente).

2. Ora usando el pasaje de la Escritura elegido mientras buscas un mensaje específico para ti. Una vez más, la lectura se escucha y se lee en silencio para ser reflexionada o meditada. Esto se conoce como *meditatio*.

3. El ejercicio ahora se vuelve activo. Toma una palabra, frase o idea que aflore al estar considerando el texto elegido. ¿Esa lectura te recuerda a alguna persona, lugar o experiencia? Si es así, haz oración pensando en ello. Concentra tus pensamientos y reflexiones en una sola palabra o frase. Este "pensamiento-oración" te ayudará a evitar las distracciones durante la *Lectio*. Este ejercicio se llama *oratio*.

4. En silencio, con tus ojos cerrados, tranquilízate y hazte consciente de tu respiración. Deja que tus pensamientos, sentimientos y preocupaciones se desvanezcan mientras consideras el pasaje seleccionado en el paso anterior (la *oratio*). Si estás distraído, usa tu "pensamiento-oración" para volver al silencio y quietud. Esta es la *contemplatio*.

Puedes dedicar a este ejercicio tanto tiempo como desees, pero en el contexto de este Estudio Bíblico, de 10 a 20 minutos debería ser suficiente.

Muchos maestros de oración llaman a la contemplación "orar descansado en Dios" y la ven como el preámbulo del perderse a sí mismo en la presencia de Dios. La Escritura se convierte en nuestra oyente mientras oramos y permitimos a nuestros corazones unirse íntimamente con el Señor. La Palabra realmente se hace carne, pero en esta ocasión se manifiesta en nuestra propia carne.

Cómo utilizar
el *Estudio Bíblico*

Los comentarios y reflexiones que aparecen en este estudio, ayudarán a los participantes a familiarizarse con los textos de la Escritura y los llevarán a reflexionar con mayor profundidad en el mensaje de los mismos. Al final de este estudio los participantes contarán con un sólido conocimiento de los libros de Tobías, Judit, Ester y de los dos libros de los Macabeos. A este conjunto de libros también se le conoce como *Narraciones bíblicas*. Quienes estudian este volumen se darán cuenta de cómo estos les ofrecen un alimento espiritual. El estudio no es solo una aventura intelectual, sino también espiritual. Las reflexiones guían a los participantes en su propio caminar por la Escritura.

UN MÉTODO PARA LA LECTIO DIVINA

Libros Liguori ha diseñado este estudio para que sea fácil de usar y aprovechar. De cualquier forma, las dinámicas de grupo y los líderes pueden variar. No tratamos de controlar la labor del Espíritu Santo en ustedes, por eso les sugerimos que decidan de antemano qué metodología funciona mejor para su grupo. Si están limitados de tiempo, pueden hacer el estudio en grupo y hacer la oración y la reflexión después, individualmente.

De cualquier forma, si su grupo desea profundizar en la Sagrada Escritura

> Nota: Los textos de la Escritura de este libro y de todo el Estudio Bíblico están tomados de la Biblia de Jerusalén, versión latinoamericana © 2007, Editorial Desclée de Brower. Usada con permiso.

y celebrarla a través de la oración y el estudio, les recomendamos dedicar alrededor de noventa minutos cada semana para reunirse, de forma que puedan estudiar y orar con la Escritura. La *Lectio divina* (ve la página 8) es una antigua forma de oración contemplativa que lleva a los lectores a encontrarse con el Señor usando el corazón y no solo la cabeza. Recomendamos vivamente usar este tipo de oración tanto en el estudio individual como en el de grupo.

METODOLOGÍAS PARA EL ESTUDIO EN GRUPO

1. Estudio bíblico con Lectio divina

Alrededor de noventa minutos

- ✠ Reunirse y recitar la oración introductoria (3 -5 minutos).
- ✠ Leer el pasaje de la Escritura en voz alta (5 minutos).
- ✠ Lectura en silencio del comentario y preparación para discutirlo en grupo (3-5 minutos).
- ✠ Discutir el pasaje de la Escritura junto con el comentario y la reflexión (30 minutos).
- ✠ Leer el pasaje de la Escritura en voz alta por segunda vez, seguido de un momento de silencio para la meditación y contemplación personal (5 minutos).
- ✠ Dedicar un poco de tiempo a orar usando el pasaje elegido. Los miembros del grupo leerán lentamente el pasaje de la Escritura por tercera vez, atentos a la voz de Dios mientras leen (10-20 minutos).
- ✠ Compartir con los demás las propias luces (10-15 minutos).
- ✠ Oración final (3-5 minutos).

2. Estudio bíblico

Alrededor de una hora

- ✠ Reunirse y recitar la oración introductoria (3 -5 minutos).
- ✠ Leer el pasaje de la Escritura en voz alta (5 minutos).
- ✠ Lectura en silencio del comentario y preparación para discutirlo en grupo (3-5 minutos).
- ✠ Discutir el pasaje de la Escritura junto con el comentario y la reflexión (40 minutos).
- ✠ Oración final (3-5 minutos).

Notas para el líder

✠ Lleva una copia de la Biblia de Jerusalén versión latinoamericana © 2007, Editorial Desclée de Brower u otra que te ayude.

✠ Haz un programa con las lecciones que verán cada semana.

✠ Prelee el material antes de cada clase.

✠ Establece algunas normas escritas básicas (por ejemplo: las clases duran solo noventa minutos; no se puede acaparar el diálogo discutiendo o polemizando, etc.).

✠ Ten las clases en un lugar apropiado y acogedor (algún salón en la parroquia, una sala de reuniones o una casa).

✠ Usen gafetes con los nombres de los participantes y organiza alguna actividad en la primera clase para romper el hielo; pide a los participantes que se presenten al grupo.

✠ Pon separadores en los pasajes de la Escritura que van a leer durante la sesión.

✠ Decide cómo quieres que se lea la Escritura en voz alta durante las clases (con uno o con varios lectores).

✠ Usa un reloj de pared o de pulso.

✠ Ten algunas Biblias extra (o fotocopias de los pasajes de la Escritura) para aquellos participantes que no lleven Biblia.

✠ Pide a los participantes que lean "Consideraciones generales sobre este volumen" e "Introducción a las Narraciones Bíblicas" (páginas 16-19) o la introducción correspondiente antes de la sesión.

✠ Di a los participantes qué pasajes van a estudiar y motívalos a leerlos antes de la clase; también invítalos a leer el comentario.

✠ Si optas por utilizar la metodología con Lectio divina, familiarízate tú primero con esta forma de orar. Hazlo con antelación.

Notas para los participantes

✠ Lleva tu propia copia de la Biblia de Jerusalén, versión latinoamericana © 2007, Editorial Desclée de Brower u otra que te ayude.

✠ Lee la "Consideraciones generales sobre este volumen" e "Introducción a las Narraciones Bíblicas" (páginas 16-19) o la introducción correspondiente antes de la sesión.

✠ Lee los pasajes de la Escritura y el comentario antes de cada sesión.

✠ Prepárate para compartir tus reflexiones con los demás y para escuchar las opiniones de los demás con respeto (no es un momento para discutir o hacer un debate sobre determinados aspectos de la fe).

Oración inicial

Líder: Dios mío, ven en mi auxilio,

Respuesta: Señor, date prisa en socorrerme.

Líder: Gloria al Padre y al Hijo y al Espíritu Santo,

Respuesta: como era en el principio ahora y siempre por los siglos de los siglos. Amén.

Líder: Cristo es la vid y nosotros los sarmientos. Como sarmientos unidos a Jesús, la vid, estamos llamados a reconocer que las Escrituras siempre se han cumplido en nuestras vidas. Es la Palabra viva de Dios que vive en nosotros. Ven Espíritu Santo, llena los corazones de tus fieles y enciende en nosotros el fuego de tu divina sabiduría, conocimiento y amor.

Respuesta: Abre nuestras mentes y corazones mientras aprendemos sobre el gran amor que nos tienes y que nos muestras en la Biblia.

Lector: (Abre tu Biblia en el texto de la Escritura asignado y léelo con calma y atención. Haz una pausa de un minuto, buscando aquella palabra, frase o imagen que podrías usar durante la *Lectio divina*).

Oración final

Líder: Oremos como Jesús nos enseñó.

Respuesta: Padre Nuestro...

Líder: Señor, ilumínanos con tu Espíritu mientras estudiamos tu Palabra en la Biblia. Quédate con nosotros este día y todos los días, mientras nos esforzamos por conocerte y servirte, y por amar como Tú amas. Creemos que a través de tu bondad y amor, el Espíritu del Señor está verdaderamente sobre nosotros. Permite que las palabras de la Biblia, tu Palabra, tomen posesión de nosotros y nos animen a vivir como Tú vives y a amar como Tú amas.

Respuesta: Amén.

Líder: Que el auxilio divino permanezca siempre con nosotros.

Respuesta: En el nombre del Padre, y del Hijo, y del Espíritu Santo. Amén.

Consideraciones generales sobre este volumen

EL PRESENTE MANUAL ofrece al lector creyente una guía orientativa de estudio y oración sobre cinco escritos del Antiguo Testamento, que intitulamos "Narraciones Bíblicas". Estos comprenden los libros de Tobías, Judit y Ester y 1-2 Macabeos. Dichos escritos se encuentran en el canon bíblico junto a la literatura histórica, después del libro de Nehemías. Los tres primeros son relatos edificantes cuyos datos históricos, más o menos precisos, sirven para enmarcar una historia novelada. Los libros de los Macabeos poseen ya un marcado carácter histórico (hablan de personajes y episodios reales), aunque interpretan los hechos desde un punto de vista teológico y con la misma finalidad edificante de los tres libros previos.

El volumen se organiza en siete lecciones, estando las dos primeras dedicadas al libro de Tobías, seguidas por una lección para el libro de Judit y otra para el libro de Ester, dos para el primer libro de los Macabeos y una para el segundo libro de los Macabeos. Siguiendo la metodología de los manuales bíblicos de *Libros Liguori*, las unidades se dividen en su mayoría en una sección para el estudio en grupo y otra para el estudio individual. Las preguntas de repaso han sido formuladas para ayudar a retener los elementos más significativos de cada libro, recordar algunas de sus problemáticas específicas o bien para ayudar a su profundización, en vistas a lograr una mayor familiaridad con el libro de la Escritura que se está estudiando.

La presente colección de estudios bíblicos es más bien de carácter pastoral. Sin embargo, en la medida de lo posible, se ha buscado ofrecer una visión equilibrada de los diversos argumentos que esta trata, tomando en cuenta las aportaciones más recientes de la ciencia exegética y de la tradición eclesial. Se sugiere consultar comentarios y estudios especializados para ulteriores profundizaciones, sobre todo para las cuestiones más complejas.

Las breves guías para la *Lectio divina* deben ser consideradas junto con su texto bíblico de referencia y la guía de estudio. Su finalidad es hacer actual el mensaje bíblico del texto estudiado, conforme a las sugerencias de su interpretación y bajo la luz del Espíritu Santo. De esta forma, los criterios de la Palabra inspirarán cada vez más los pensamientos y actos de los participantes, y modelarán su obrar conforme al querer de Dios.

Los libros de Tobías, Judit, Ester, y 1 y 2 Macabeos

Bajo el título genérico de "narraciones (o novelas) bíblicas" se reúnen en el presente estudio cinco libros: Tobías, Judit, Ester y 1-2 Macabeos. En el canon bíblico, estos libros se encuentran ubicados junto a la literatura histórica, por ambientarse o bien por tratar problemáticas vinculadas a períodos particularmente dramáticos de la historia de Israel. Dichas narraciones se colocan juntas, sobre todo, por su carácter didáctico y sapiencial, es decir, porque su finalidad primaria es instruir, animar y a la vez entretener. Algunos temas comunes también hermanan los libros como el exilio y sus problemas afines, el valor de la familia, la fidelidad a la Alianza en contextos hostiles y la piedad hacia Dios.

Los libros de Tobías, Judit y Ester poseen cierto carácter narrativo con datos históricos más o menos precisos relacionados con la historia del Israel; sin embargo, se trata más bien de relatos edificantes; 1-2 Macabeos poseen una naturaleza claramente histórica, tanto por lo que ve a sus personajes principales (individuos que realmente existieron), como por el conocimiento tan preciso que sus autores poseen del periodo que tratan (sobre todo 1 Macabeos). Los libros de Tobías y Judit tejen su narración haciendo continuas alusiones a la tradición bíblica anterior; los libros de los Macabeos lo hacen también a su modo. En Ester, por el contrario, estas alusiones son bastante sutiles. El tema de la responsabilidad humana en la construcción de la historia es un importante denominador común de estos cinco libros. Con excepción quizás del núcleo fundamental de la historia de Ester, que podría remontarse al final del periodo persa, los libros de este bloque son de composición tardía en el tiempo, durante la dominación griega en el antiguo Medio Oriente.

El lector encontrará otras anotaciones sobre las particularidades de cada libro a lo largo de los diversos capítulos del Estudio Bíblico.

El libro de Tobías I

TOBÍAS 1-3

Tú eres justo, Señor, y justas son todas tus obras. Misericordia y verdad son todos tus caminos. Tú eres el Juez del Universo (3:2).

Oración inicial (ver página 14)

Contexto

El libro de Tobías es una historia ficticia que habla de Tobit y su hijo Tobías. Tobit es un devoto israelita que vivió como exiliado en Nínive, capital del Imperio Asirio durante el siglo VIII a.C. No obstante su vida de estricta observancia religiosa, Tobit tuvo que pasar por duros sufrimientos. Su historia se entrelaza con la historia de Sara, hija de un connacional suyo, quien además de exiliada también sufre una dura prueba. Como tantos otros libros de la Biblia, Tobías es obra de un autor desconocido y con mucha probabilidad fue escrito entre los años 200 y 180 a.C. Las imprecisiones históricas que presenta, indican que el autor está mirando a un pasado bastante lejando mientras escribe su historia.

Los primeros tres capítulos presentan al israelita piadoso, fiel a la ley de Moisés, el cual no obstante la apostasía en la cual cayó su tribu en el pasado, siguió yendo al templo de Jerusalén para dar culto al Señor, conforme estaba prescrito por la Ley. El exiliado Tobit vive practicando buenas obras, ayudando a los pobres, huérfanos, viudas y extranjeros, a la vez que se preocupa por dar digna sepultura a sus coterráneos exiliados, muertos a manos de los soberanos. Haciendo un relato en primera persona, como si se tratara de una autobiografía, Tobit refiere su matrimonio con una israelita de su misma tribu (Neftalí) de nombre Ana, de la cual les nace el hijo Tobías. Más adelante, en la misma sección introductoria (3:6 y ss.) y ya en tercera persona, el autor refiere la historia de Sara y su drama nupcial.

ESTUDIO EN GRUPO (TOB 1—3)

Leer en voz alta 1—3.

1:1—2:8 La prueba de Tobit

Los primeros dos versículos del libro detallan a modo de genealogía, los antecedentes familiares de Tobit. Su nombre es una forma abreviada posiblemente de "Tobiel" ("Dios es mi bien"). Durante el periodo así llamado "del segundo templo", cuando una genealogía vinculaba a una persona con los antiguos israelitas, esta poseía una mayor autoridad a la hora de exponer su enseñanza. Sirviéndose de esta como un recurso literario, el autor da autenticidad a su personaje principal mostrándolo como a un auténtico israelita (y a sí mismo junto con él). Todos los nombres de los antepasados de Tobías incluidos en la genealogía, incluyen el sufijo "el", término en hebreo para significa "Dios". La lista menciona al padre de Tobit (Tobiel) y de otros antepasados (hasta seis generaciones).

Tobit pertenece a la tribu de Neftalí, una de las doce tribus de los hijos de Jacob. Sin embargo, las coordenadas geográficas mencionadas por el autor referentes a la patria de Tobit en Galilea, aún no han sido identificadas. La historia de Tobit tiene su inicio en los días de Salmanasar, rey de Asiria (727-722 a.C.), el cual condujo al exilio hacia su territorio, a las tribus del norte, entre ellas a la tribu de Neftalí. Esto sucedió en 722 a.C.

En 1:3 el narrador concede la palabra al personaje Tobit, el cual empieza a contar su historia (la narración en primera persona continúa hasta 3:6). Tobit se auto-presenta como un fiel y justo israelita, que practicaba muchos actos de caridad para con sus hermanos cautivos en Nínive, la capital de Asiria. Su vida piadosa en el exilio daba continuidad a la que había vivido en su juventud cuando aún estaba en la tierra de Israel. Fue un hombre piadoso, incluso después de que sus hermanos de tribu hubieran apostatado, dando culto en los santuarios establecidos por el rey Jeroboam I. La historia hace referencia a lo que leemos en el libro de los Reyes (cf. 1 Re 11:36; 12:20-33), sobre la rebelión de Jeroboam, el cual lideró la revuelta de las tribus del norte contra el rey Roboam I, hijo de Salomón, causando así la división del reino davídico (que dio origen al Reino del Norte, Israel). Previendo que el peregrinar de las tribus del norte a Jerusalén para las fiestas significaría un riesgo para la consolidación de su reino, Jeroboam estableció dos santuarios de culto para las tribus del norte, uno en Dan y otro en Betel. En cada uno de estos santuarios entronizó la imagen de un becerro de oro. Al parecer los becerros representaban un trono para el Dios de Israel, pero con el tiempo, fueron adorados como divinidades en sí mismos, llevando el pueblo a la idolatría.

Mientras sus hermanos de tribu se habían adherido al culto del becerro de oro en Dan, Tobit afirma haber permanecido fiel al culto en Jerusalén, lugar escogido por Dios conforme a lo prescrito por la Ley de Moisés (cf. Dt 12:1-14).

Tobías refiere una amplia lista de diezmos que llevaba a Jerusalén con ocasión de las fiestas: los primeros frutos de la cosecha, primicias del rebaño, de la tosa de las ovejas, del grano, vino, aceite, granadas, higos y otros frutos. La lista del diezmo alude a diversas leyes culturales contenidas en el Pentateuco. Así mismo, hace referencia a un diezmo más que ofrecía en efectivo en el tercer año, como ayudas a huérfanos, viudas y prosélitos. Todo esto, dice Tobías hacerlo en obediencia a la Ley de Moisés, según le fue enseñado por su abuela paterna Débora.

A diferencia de muchos exiliados, los cuales desposaron a mujeres extranjeras (problema real del post-exilio como nos lo demuestran los libros de Esdras-Nehemías), Tobit dice haber contraído matrimonio con Ana, una mujer de su misma tribu. De su matrimonio nació un hijo, a quien Tobit llamó Tobías ("el Señor es mi bien"). Por rehusarse a aceptar las costumbres de alimentación de los gentiles, a diferencia de muchos de sus coterráneos exiliados, el Señor lo recompensó haciéndole ganar el favor de Salmanasar, el cual lo hizo su encargado de compras. Hasta la muerte del rey, Tobit acostumbraba viajar a Media, tierra de los Medos, para comprarle provisiones. Esto le permitió en cierta ocasión dejar bajo custodia con un pariente suyo de nombre Gabael, que vivía en Media, una importante suma de dinero en plata. Desde el punto de vista histórico, la presencia de exiliados israelitas en Media es cierta. En una deportación anterior, durante el proceso de conquista del Reino del Norte, los asirios habían llevado cautivos a israelitas para aquellas tierras.

Tobías siguió ayudando a sus coterráneos mientras Salmanasar fue rey, compartiendo su comida con ellos y dando vestido a los que lo necesitaban. Cuando alguno de su raza que había muerto era dejado sin sepultura en las afueras de Nínive, Tobías se ocupaba de darles una digna sepultura.

A la muerte de Salmanasar, durante el reino de Senaquerib, Tobit dice ya no haber podido viajar a Media, debido a los peligros que surgieron en el camino que llevaba a aquellas tierras. Desde el punto de vista histórico, al autor se le escapa una pequeña inexactitud, al mencionar a Senaquerib (705–681 a.C.) como hijo de Salmanasar, el cual en realidad fue hijo de Sargón II (y a este le siguió en el trono). De todos modos, la referencia a los asesinatos perpetrados por Senaquerib a su regreso de una derrota, concuerda con el relato que encontramos en 2 Reyes 19:35-36. Senaquerib había acampado cerca de Judá con intención de invadir también el Reino del Sur. Sin embargo, la noche anterior al ataque que había planeado, un ángel del Señor dio muerte a un gran número de soldados del ejército asirio, haciendo que Senaquerib huyera en retirada a Nínive. En su ira, el rey mató a muchos israelitas en Nínive.

Tobit dice haber dado sepultura secretamente a los cuerpos de sus hermanos muertos en aquella ocasión. Cuando el rey más tarde pidió ver los cuerpos, cuya permanencia visible al parecer había sido ordenada como una lección para los demás judíos, fue informado por un ninivita de que Tobit los había enterrado. Tobit entonces fue obligado a huir para salvar su vida; sus bienes fueron confiscados, quedándole solamente su esposa Ana y su hijo Tobías. Cuarenta días después, dos de los hijos del rey, asesinaron a su padre y huyeron. Asaradón entonces se convirtió en rey (681–669 a.C.) y volvió a nombrar a Ajicar encargado de la administración del reino. Durante el reino de Senaquerib, Ajicar había sido copero mayor, custodio del sello, administrador y encargado de las finanzas. Tobit dice que Ajicar era sobrino suyo. Estando en una tal posición, Ajicar pudo interceder por Tobit, lo que le permitió su regreso a casa.

El personaje Ajicar que ahora entra en escena, no es una invención del autor de Tobías, sino una figura legendaria, conocida en la literatura del Medio Oriente Antiguo. "La Historia de la Sabiduría de Ajicar" fue de hecho una leyenda muy popular. Según esta, Ajicar fue canciller bajo Senaquerib y después de que este fuera asesinado por sus hijos, Asaradón lo nombró encargado de toda la administración del reino. Ajicar adoptó a su sobrino Nadab, a quien entrenó para ser su sucesor en el importante puesto que ocupaba. Pero Nadab, una vez en funciones, planeó la muerte de Ajicar, quien consiguió huir y esconderse. Cierta vez, el rey quiso la explicación de unas adivinanzas pero Nadab no fue capaz de resolverlas. Al lamentar la pérdida de Ajicar, le fue revelado que este había tenido que huir a causa de un complot orquestado por Nadab. Al ser desenmascarado, Nadab fue castigado y echado a una mazmorra, donde murió.

El autor de Tobías, quien además cita en su escrito alguna máxima sapiencial de la tradición de Ajicar, parece haber querido aludir a dicha historia, para mostrar un paralelo conocido a sus lectores con el de su personaje principal, como dirá explícitamente el mismo autor por boca de Tobit al final de su libro (cf. Tob 14:10-11).

De regreso a su hogar con su esposa e hijo, Tobit ahora podría celebrar la fiesta de Pentecostés con una rica comida. De acuerdo con Deuteronomio 16:14, dicha fiesta debía celebrarse con la propia familia y los esclavos, juntamente con extranjeros, huérfanos y viudas. Siendo un hombre justo, Tobit no se sienta a comer antes de enviar a Tobías a ver si encuentra algún pobre de entre sus hermanos para que venga y comparta la mesa con ellos.

Tobías salió pero al poco tiempo regresó, trayendo a su padre la noticia de que un hermano israelita yacía muerto en la plaza del mercado. Sin haber probado alimento, Tobit se levanta y va de prisa a recoger el cuerpo de su hermano para esconderlo y sepultarlo más tarde al caer del sol. Regresando a su casa, habiéndose lavado –no por simple higiene, sino como forma de purificación ritual conforme a lo que prescribía la Ley de Moisés (cf. Lv 11; 21:11)– toma su comida con aflicción y honda conmoción, acordándose de las palabras del Señor dichas por medio del profeta Amós: "Convertiré su fiesta en lamento, y en elegía todas sus canciones" (cf. Am 8:10; Tob 2:6). Al caer del sol, a su regreso del sepelio, Tobit es ridiculizado por sus vecinos.

2:9—3:6 La ceguera de Tobit

Volviendo de nuevo a casa, Tobit se purifica una vez más y se queda un rato en el patio, recostado contra la tapia, con el rostro al descubierto a causa del calor. Y he aquí que le cae sobre los ojos excremento caliente de unos gorriones que estaban sobre el muro, dando inicio a un proceso que lo dejará completamente ciego. Buscó ayuda médica, pero, cuanto más remedios le aplicaban, menos veía, hasta que quedó completamente ciego. Tobit dice haber vivido en estas condiciones durante cuatro años. Estando en esta situación, Ajicar proveyó a sus necesidades durante dos años hasta que se trasladó a Elimaida.

Por este motivo, Ana tuvo que empezar a trabajar a sueldo como tejedora. Cierta vez, al hacer la entrega de un trabajo, además del sueldo debido, los dueños le regalaron un cabrito, para su familia. Al oír el balido del animal, Tobit cuestionó su origen, acusando injustamente a su esposa de que lo había robado, pidiéndole incluso que lo devolviera. No obstante su insistencia en que lo había recibido de regalo, Tobit se enoja con ella, a lo que Ana contesta vivamente cuestionando la justicia de Dios. Hace su cuestionamiento en términos que recuerdan a los de la mujer de Job (cf. Job 2:9). Dicha pregunta en ambos libros es de gran importancia, pues presenta de forma narrativa uno de los grandes problemas sobre los que reflexionaba la tradición bíblica del Antiguo Testamento: si Dios bendice al justo, ¿por qué entonces tiene que experimentar el "castigo" del sufrimiento?

Ante la respuesta tan seria por parte de su esposa, Tobit rompe en lágrimas y reza a Dios. En su oración, rica en piedad y devoción, Tobit reconoce el justo obrar del Dios misericordioso y fiel; reconoce delante de Dios que también ha pecado, así como sus padres y pide al Señor ser liberado de sus sufrimientos, con la muerte, pues considera mejor morir que sufrir las penas y afrentas.

3:7—17 El problema de Sara

La narración, ahora ya en tercera persona, nos dice que el mismo día en que tuvo lugar la discusión entre Tobit y Ana en Nínive, tuvo lugar otro episodio semejante en Ecbátana, en la Media (actualmente Hamadán en Irán). En este momento la historia se centra en una israelita justa que, además del exilio, sufría también una dura vejación. Se trataba de Sara, hija de Raguel (nombre que significa, "amigo de Dios"), la cual había sido dada en matrimonio a siete maridos, pero un demonio, de nombre Asmodeo, los había matado uno a uno la misma noche de nupcias, sin que el matrimonio llegase a consumarse. A causa de esto Sara fue insultada por una de las criadas de su casa, quien la acusó de haber sido ella la que dio muerte a sus esposos. La criada le desea, además, que muera sin haber tenido hijos.

Ante esta acusación, Sara se siente tan abrumada de tristeza y desesperada que considera la posibilidad de ahorcarse. Pero el recuerdo de su padre y de los sufrimientos que su muerte le provocarían la detienen, pues era hija única. En vez de realizar tan horrenda acción, Sara se vuelve hacia la ventana (en dirección a Jerusalén como era costumbre) con las manos en alto y ora a Dios. En su oración, Sara pide al Señor que le ayude a liberarse de los males que la afligen. Y así como Job, quien declara una y otra vez su inocencia en medio de su sufrimiento, Sara declara también ante el Señor su inocencia. Aunque vacila por momentos deseando la muerte, de nuevo el recuerdo de su padre le hace pedir a Dios que se compadezca de ella y la libere de sus sufrimientos.

La sección introductoria del libro se concluye con las palabras del narrador, el cual dice que en aquel mismo momento, la súplica de ambos había sido oída en la Gloria de Dios y que el Señor había decidido enviar al ángel Rafael (nombre que significa "Dios cura") para sanarlos: a Tobit le devolvería la vista y a Sara la daría como esposa a Tobías, liberándola del demonio Asmodeo. En aquel mismo momento, Tobit volvía del patio a su casa y Sara descendía de sus aposentos.

Preguntas de repaso

1. ¿Qué le daba a Tobit el valor para obrar justamente en medio de situaciones tan adversas?
2. ¿Cuál es la pregunta más importante que los primeros capítulos del libro de Tobías presentan al lector?
3. ¿Qué nos quiere enseñar el autor con su insistencia sobre las obras de caridad, o de misericordia, que Tobit realizaba en el exilio?
4. ¿Qué nos enseñan las oraciones de Tobit y Sara, sobre la forma en que debemos dirigirnos a Dios?

Oración final (ver página 15)

Hacer la oración final ahora o después de la *Lectio divina*

Lectio divina (ver página 8)

Relájate y mantén una postura de oración (espalda recta, ojos cerrados, pies apoyados en el suelo). Este ejercicio puede durar cuanto gustes, pero en el contexto de este estudio bíblico, de 10 a 20 minutos deberían ser suficientes.

Las meditaciones que siguen se ofrecen para ayudar a los participantes a usar esta forma de oración, pero hay que considerar que la *Lectio* está pensada para conducirlos a un ambiente de contemplación orante, donde la Palabra de Dios habla al corazón de quien la escucha (ve la página 8 para más instrucciones).

La prueba de Tobit (1:1—2:8)

La primera parte de la sección autobiográfica de Tobit es una invitación ante todo a la fidelidad a Dios, a pesar de las dificultades que presente el ambiente circunstante. No obstante la apostasía de la mayoría de sus hermanos de tribu, Tobit permanece fiel a la ley de Dios conforme le había sido transmitida en su ambiente familiar. Este es un mensaje de gran actualidad. Obrar de acuerdo con las propias convicciones significa también fidelidad a la propia conciencia. La fidelidad de Tobit es premiada por Dios con la prosperidad también a nivel humano, no obstante las dificultades que va encontrando en su camino.

✠   ¿Qué más podemos aprender de este pasaje?

La ceguera de Tobit (2:9—3:6)

La pregunta del por qué hay personas de bien que sufren sigue repitiéndose en nuestros días. En el Antiguo Testamento, los libros de Job y de Tobías han afrontado el problema, y han tratado de ofrecer, bajo la guía de Espíritu Santo, alguna respuesta a tan importante y delicada cuestión. La Biblia nos dice que Dios purifica al justo, como oro en el crisol. El oro ya es de por sí precioso, pero al ser purificado por el fuego, llega a hacerse todavía más precioso. Las pruebas que Dios permite en nuestra vida, son sobre todo para ayudarnos a madurar en la fe. Estas nos ofrecen también una oportunidad para manifestar nuestra fidelidad a Dios y nuestro amor con obras.

✠   ¿Qué más podemos aprender de este pasaje?

La prueba de Sara (3:7—17)

Tanto Sara como Tobit, en medio de sus sufrimientos, buscaron la luz y ayuda de Dios en la oración, manifestándole con corazón abierto sus angustias y necesidades. Esta es una valiosa lección para nuestras vidas. El autor sagrado inmediatamente nos recuerda que sus plegarias llegaron hasta la presencia de Dios, el cual les respondió enviando una ayuda concreta a través del ángel Rafael. Sucede con frecuencia, aun entre los creyentes, que la adversidad los aleja de Dios y de la oración, cuando debería ser todo lo contrario. El ejemplo de Sara y la certeza de que Dios siempre nos escucha, es un incentivo para recurrir siempre a la oración, especialmente cuando nos sentimos tristes o pasamos por dificultades especiales.

✠ ¿Qué más podemos aprender de este pasaje?

El libro de Tobías (II)

TOBÍAS 4—14

"Buena es la oración con ayuno; y mejor es la limosna con justicia que la riqueza con iniquidad. Mejor es hacer limosna que atesorar oro. La limosna libra de la muerte y purifica de todo pecado" (12:8-9).

Oración inicial (ver página 14)

Contexto

Parte 1: Tobías 4—6 Tobías se prepara para viajar a Media con el fin de recuperar el dinero que su padre Tobit había dejado en depósito con Gabael. Sin saberlo, escoge como compañero de viaje al ángel Rafael, quien se le presenta como Azarías, un hermano de su misma tribu. Durante el viaje Rafael invita a Tobías a pernoctar en casa de Raguel, en Ecbátana, y le habla de Sara. Rafael le manifiesta la idea del matrimonio con ella.

Parte 2: Tobías 7—14 Rafael ayuda a Tobías a liberar a Sara del demonio Asmodeo y a desposarla. Al regresar a casa, Tobías unge los ojos de su padre con la hiel del pez y Tobit recupera la vista. Rafael entonces revela su identidad y regresa a Dios. En su lecho de muerte, Tobit le da sus últimas enseñanzas a su hijo como un testamento. Tobías parte para Media conforme a lo que su padre le había dicho y Nínive y Asiria caen en manos del rey de Media.

PARTE 1: ESTUDIO EN GRUPO (TOB 4—6)

Leer en voz alta Tobías 4—6.

Tob 4: Preparación para el viaje

Llamando a Tobías hacia él, Tobit le cuenta sobre el dinero que había dejado en depósito con Gabael y le dice que ya es tiempo de recuperarlo. Tobit entonces imparte una larga enseñanza a su hijo, con máximas de diverso tipo que recuerdan las que encontramos en el libro de los Proverbios y en el Eclesiástico. Estas incluyen la preocupación por la adecuada sepultura de los muertos, el respeto y cuidado para con la madre (cf. Éx 20:12); el sepultar a los padres juntos como se hacía con los patriarcas (cf. Gn 23); buscar la vida justa, la fidelidad al Señor y sus mandamientos; evitar el camino de los perversos; buscar consejo de personas sabias, pidiendo al Señor luz y bendiciones para el propio camino; practicar las obras de caridad y algunas enseñanzas sobre el matrimonio. Tobit insiste en que la vida justa atrae las bendiciones de Dios, una afirmación que en boca del ciego Tobit adquiere un especial significado.

El sentido de la sentencia que encontramos en 4:17 "esparce tu pan sobre la tumba de los justos" es muy discutida entre los estudiosos (la frase tiene un paralelo en la Sabiduría de Ajicar). En todo caso esta insiste en la necesidad de seguir la vía de los justos y no juntarse con los pecadores.

Tobit concluye su primer "testamento espiritual" (encontraremos un segundo al final del libro) volviendo a mencionar el dinero, pero insistiendo en que la verdadera riqueza es el temor del Señor, evitar el pecado y hacer lo que es justo a sus ojos.

Tob 5: El ángel Rafael

Tobías expresa su total adhesión a los mandamientos de su padre; pero, como no conoce a Gabael y este no le conoce, Tobías pregunta sobre cómo Gabael le daría el dinero. La segunda dificultad es que no conoce el camino a la Media. Tobit entonces le dice que él y Gabael habían hecho un recibo que habían partido en dos y del que cada uno había conservado una mitad. Además le pide a Tobías que salga a buscar un acompañante para su viaje, una persona de confianza a la cual le pagarán un sueldo.

Salió entonces Tobías a buscar a alguien que le pudiera acompañar en su viaje. A poco de andar encuentra al ángel Rafael cerca de él, aunque no sabía que era un ángel del Señor. En más de una historia bíblica, encontramos a un ángel del Señor, que interpela a algún personaje de la historia sagrada pero sin revelar su verdadera identidad. Al preguntarle por su identidad, el ángel Rafael se presenta como Azarías, dice ser un israelita, de su misma parentela. Tobías le pregunta si conoce el camino hacia Media, a lo que Rafael responde que sí, diciendo que lo había recorrido ya varias veces, le dice incluso la distancia. Y añade que en sus viajes se había hospedado con un hermano de nombre Gabael.

Después de referirle que le pagarían un sueldo como acompañante de viaje, Tobías vuelve a su padre y le cuenta sobre el joven Azarías. Tobit le pide entonces que lo traiga a casa, pues quiere conocer el trasfondo familiar del joven, para asegurarse de que sea realmente alguien de confianza. Tobías invita entonces a Azarías a casa y Tobit le hace una serie de preguntas. A su cordial y alegre saludo, Tobit le responde que no puede tener alegría porque es ciego y por lo tanto es como un muerto entre los vivos, ya que vive en la oscuridad. Rafael le anima a tener confianza, asegurándole que Dios lo curará en breve. Tobit entonces le dice que le pagará un sueldo si acompaña a su hijo a Media y Rafael accede a la propuesta, asegurando una vez más que conoce bien la región.

Tobit, aún no contento con esto, le pide que le hable de su familia y tribu. Rafael entonces se presenta como Azarías, que significa "el Señor ayuda", hijo de un pariente próximo de Tobit, de nombre Ananías ("el Señor tuvo misericordia"). Con esto Tobit lo acoge y lo felicita por su excelente linaje. Con estas coordenadas el autor complementa la teología de fondo del libro que canta la fe en la bondad y misericordia del Dios de Israel.

El sueldo acordado es un dracma al día, lo cual era el sueldo base de un jornalero durante la época helenística, periodo en que el libro fue compuesto. También se le promete una gratificación extra. Rafael-Azarías le asegura a Tobit que harán un buen viaje y que regresarán con bien. Tobit entonces ora a Dios para que su ángel los proteja durante el viaje, pues no sabe aún que se encuentra delante de un ángel de Dios. En este y en otros momentos, el autor dialoga hábilmente con el lector, quien va tomando conocimiento de una serie de datos, los cuales sin embargo, no los conocen los personajes de la historia. Este recurso confiere gran vivacidad a la narración.

Tobías entonces besa a su padre y a su madre, y parte. Ana reclama a Tobit por permitir a su hijo partir por dinero, cuando Dios les había ya dado lo suficiente. Tobit la calma y le asegura que irán y volverán con bien, pues un ángel del Señor irá con ellos, asegurando el éxito del viaje.

Tob 6: El viaje de Tobías a Media

El versículo que abre la parte central y más amplia del libro, el viaje de Tobías, menciona la partida de Nínive de una compañía formada por el joven Tobías, el ángel y, único caso en la literatura bíblica, un perro. Este detalle da al cuadro un toque de calor humano. Llega la primera noche y los viajeros deben acampar junto al río Tigris. Tobías baja al río para lavarse los pies y estando ahí, un gran pez salta del agua intentando morderle. Tobías grita y Rafael le dice que lo agarre y lo traiga a tierra. A continuación el ángel le indica que parta el pez y separe de este la hiel, el corazón y el hígado, pues los van a utilizar como medicina. Más tarde Rafael le explicará la razón de este procedimiento. Habiéndolo hecho, Tobías cocina parte del pez y la come, salando el resto para lo que queda del viaje. No se dice que el ángel comiera del pez.

Al acercarse a Media, Tobías le pregunta a Rafael sobre la utilidad de las partes del pez que habían separado. Rafael entonces le explica su función "apotropaica", es decir, su capacidad para alejar los males cuando una persona está atormentada por algún demonio; le habla también de la propiedad curativa de la hiel para las enfermedades de los ojos.

Cuando se encontraban ya muy cerca de Ecbátana, Rafael revela a Tobías el verdadero objetivo de su viaje. Le declara que deben pasar aquella noche en la casa de Raguel, el cual tiene una hija de nombre Sara, que es pariente suya. Él es el más cercano a ella y quien tendría derecho a casarse con ella en primer lugar. Con ello Tobías también tendría el derecho a heredar la propiedad del padre de Sara. De acuerdo con la ley israelita, una mujer sin hermanos, además del deber de casarse con algún miembro de su propio clan, debía dar la herencia de su padre a su esposo, para evitar así que esta pasara a otra tribu (cf. Nm 36:6-9).

Rafael alaba a Sara, diciendo que es hija de un hombre de bien y que es sabia, valiente y hermosa. Dice que hablaría con Raguel aquella misma noche para que se la diera como esposa. Y visto que Raguel conocía la tradición israelita, no se la podría negar. Además, Rafael le asegura que la llevará como esposa cuando vuelvan a Nínive. Tobías entonces toma la palabra y le manifiesta a Azarías que tenía conocimiento de la suerte de la joven, la cual había tenido ya siete maridos pero que un demonio envidioso que la deseaba como esposa, los había matado a todos en la noche misma de las nupcias. Visto que la muerte del hijo único de sus padres les traería una tristeza mortal por su pérdida, Tobías dice tener miedo del demonio.

Rafael entonces le recuerda a Tobías el mandamiento de su padre de tomar esposa a una de su tribu ancestral; le asegura que Sara le sería dada como mujer aquella misma noche y que no tenía por qué temer. A continuación le dice cómo ahuyentar al demonio, quemando sobre el bracero del incienso de la habitación, el corazón y el hígado del pez. Le garantiza que el olor del humo ahuyentará al demonio. Le dice, además, que antes de consumar el matrimonio, es decir, antes de dormir juntos, deben orar al Señor pidiendo misericordia y protección. Al oír las palabras del ángel, Tobías se enamoró profundamente de la muchacha y deseó en su corazón desposarla.

Preguntas de repaso

1. Enumera algunas de las buenas obras que Tobit recomienda a Tobías realizar y que encontramos en las enseñanzas de Jesús.
2. ¿Qué nos enseña el libro de Tobías con la escena de la búsqueda del acompañante de viaje y el diálogo del ángel con el ciego Tobit?
3. ¿Cuál es la principal ayuda que Rafael le ofrece a Tobías durante el viaje a Ecbátana?

Oración final (ver página 15)

Hacer la oración final ahora o después de la *Lectio divina*

Lectio divina (ver página 8)

Relájate y mantén una postura de oración (espalda recta, ojos cerrados, pies apoyados en el suelo). Este ejercicio puede durar cuanto gustes, pero en el contexto de este estudio bíblico, de 10 a 20 minutos deberían ser suficientes.

Las meditaciones que siguen se ofrecen para ayudar a los participantes a usar esta forma de oración, pero hay que considerar que la *Lectio* está pensada para conducirlos a un ambiente de contemplación orante, donde la Palabra de Dios habla al corazón de quien la escucha (ve la página 8 para más instrucciones).

Tob 4: Preparación para el viaje

Estando para salir de viaje, uno normalmente planea el itinerario, prepara la maleta, se asegura de contar con suficiente dinero y todas las demás cosas que puedan ser necesarias. Tobit no se preocupa solamente de lo necesario para el viaje de su hijo a Media, sino sobre todo de que su viaje sea seguro. Por ello, instruye ampliamente a Tobías sobre cómo vivir en fidelidad al Señor y lo exhorta a practicar la caridad para con el prójimo. En otras palabras, le explica cómo vivir el doble mandamiento que resume toda la ley de Dios. Para el viaje de esta vida, esta última "planeación" es la más importante y es a la que todos nosotros debemos prestar mayor atención, pidiendo a Dios fuerzas para poder realizarla.

✠ ¿Qué más podemos aprender de este pasaje?

Tob 5: El ángel Rafael

Estando para partir a su viaje a Media, Tobías recibe del Señor a un ángel como su compañero. La asistencia del ángel de la guarda en nuestras vidas es una realidad en la que como cristianos creemos (cf. Sal 91:11; Mt 18:10). Pero además, si prestamos atención, podemos darnos cuenta de que el Señor hace que encontremos en nuestro camino a tantas personas que son realmente como ángeles. Personas como nosotros, pero que nos animan, nos apoyan y nos ayudan a ser mejores. A la vez, nosotros mismos, aun sin buscarlo, nos hacemos como ángeles de Dios en la vida de otros. Un don que debemos saber reconocer, valorar y agradecer.

✠ ¿Qué más podemos aprender de este pasaje?

Tob 6: El viaje de Tobías a Media

Al hablar de Sara como esposa para Tobías, el autor, por boca de Rafael, afirma que el Señor la había "destinado" a desposarlo "desde el principio". Dicha afirmación podría sonar como si el Señor guiara todo en nuestra vida, no dejando espacio a nuestra libertad. Esto sería dar una interpretación equivocada al texto. Saber hasta dónde interviene Dios directamente en nuestras vidas, es un gran misterio. Dios guía e inspira, pero nunca fuerza a nadie a obrar de una determinada manera. Incluso las gracias que recibimos en la oración y en los sacramentos, deja intacta siempre nuestra libertad y como la semilla de la parábola (cf. Mc 4), podrá dar fruto si libremente la acogemos y correspondemos a ella. Al final, está en nuestras manos aceptar o rechazar las invitaciones de Dios, como lo estuvo en las manos de Tobías.

✠ Qué más podemos aprender de este pasaje?

PARTE 2: ESTUDIO INDIVIDUAL (TOB 7—14)

Día 1: Matrimonio y curación de Sara (7—9)

Al llegar a Ecbátana, Tobías dice a Azarías que lo lleve directo a la casa de Raguel. Este se encontraba sentado a la puerta y lo saludan. Raguel les da la bienvenida y los hace entrar, con típicos gestos de la hospitalidad oriental.

La semejanza del muchacho con Tobit, hace a Raguel comunicarlo inmediatamente a su esposa Edna, la cual le pregunta a Tobías por su procedencia. Al referir que venían de Nínive y ser preguntado si conocían a Tobit, Tobías responde de modo muy hermoso y sentido: ¡Es mi padre! Y les da noticias de él. Al oír esto, Raguel se puso de pie inmediatamente, lo besó entre sollozos y profirió una bendición, al tiempo que se lamentaba por su infortunio. Raguel, Edna y su hija Sara entonces se conmueven hasta las lágrimas.

Así como el patriarca Abraham, el cual saludó a los tres visitantes que eran enviados de Dios y les preparó una comida (cf. Gn 18:1-8), de modo semejante Raguel mata a un carnero de su rebaño para honrar a sus inesperados huéspedes. Después de haberse lavado y bañado, se sentaron a comer. Tobías entonces le dice a Rafael que pida al anfitrión la mano de su hija Sara. Raguel sin querer lo escuchó, pero le dice que coma y beba tranquilo, asegurándole que tiene derecho sobre Sara y que él no podría rehusarla. Y admite que había sido dada ya a siete pretendientes de su parentela, pero que morían en la misma noche de nupcias. Raguel vuelve a insistir en que coman, pero Tobías sin hacer caso a lo apenas dicho, responde que no estará tranquilo hasta que el asunto quede arreglado.

Raguel entonces acepta realizar el matrimonio, según lo ordenado en el libro de Moisés, declarando que este había sido decidido en el cielo. De hecho, sin saberlo, repite lo dicho por Rafael momentos antes a Tobías cuando estaban solos. Las palabras de la ceremonia son hermosas. En ellas, Raguel afirma que Sara será una hermana para Tobías y él un hermano para ella, lo cual es una expresión bíblica típica para referirse a los esposos y pide al Señor que los haga fecundos en su unión. Raguel entonces llama a Sara y, según la costumbre, la presenta a Tobías, dándosela como esposa conforme a la Ley de Moisés. Después pide a Edna todos los materiales necesarios para poder redactar el contrato de matrimonio.

Habiendo terminado de comer, Raguel dice a su esposa que prepare la habitación de los esposos y conduzca a Sara allá. Estando madre e hija a solas en la habitación, Edna enjuga las lágrimas de su hija, dándole ánimos, pidiendo al Señor del cielo que le conceda esta vez alegría y no tristeza. El capítulo 8 narra la noche de nupcias. Tobías es llevado por los padres de Sara hasta la habitación y conforme a las instrucciones de Rafael, quema sobre las brasas el corazón y el hígado del pez. El olor del humo del pez alejó al demonio, el cual, nos dice el narrador, huyó hasta el lejano Egipto, lo cual es una alusión a la antigua creencia de que los demonios habitaban en regiones distantes y desiertas (cf. Mt 12:43; Lc 11:24; Ap 18:2). Rafael se fue detrás de él y lo amarró de pies y manos, para que nunca más volviese.

Sin conocimiento de este hecho, Tobías invita entonces a Sara a que recen juntos pidiendo a Dios misericordia y protección. De modo muy hermoso, Tobías hace referencia a la institución del matrimonio conforme al proyecto de Dios expresado en el libro del Génesis (cf. Gn 2:21-24). Recuerda que Dios hizo a Adán y le dio a Eva para que fuera una ayuda y apoyo, de los cuales provino toda la raza humana. Tobías entonces dice al Señor que no estaba recibiendo a Sara como su mujer con deseos impuros, sino con recta intención y pide que puedan llegar juntos a la ancianidad. Y los dos juntos dicen, "Amén, amén" y se acuestan para pasar la noche.

En este punto, un gracioso y casi macabro episodio tiene lugar. Temiendo Raguel que lo peor aconteciese a Tobías, llamando a sus criados, se pone con ellos a cavar una tumba. Al terminarla, le dice a su esposa Edna que envíe a una de sus criadas para ver si Tobías aún está vivo. En caso de que hubiera muerto, él querría sepultarlo sin que nadie lo supiera. La muchacha abre entonces la puerta del cuarto y descubre que Tobías y Sara dormían juntos plácidamente. La noticia mueve a Raguel a una exultante bendición a Dios, agradeciéndole el beneficio recibido y pidiéndole que la vida de los esposos transcurra en alegría y piedad. Y rápidamente ordena a sus criados que vuelvan a tapar la fosa antes de que amanezca.

Entonces dice a Edna que cueza una gran hornada de panes. Toma entonces dos bueyes y cuatro carneros y ordena que se los preparen. Hizo entonces llamar Tobías diciéndole que debía quedarse catorce días, comiendo y bebiendo con ellos, celebrando la alegría que les traía su matrimonio con Sara. La fiesta de matrimonio en la cultura israelita solía durar siete días, de hecho, después será así la celebración en Nínive. La de Tobías dura el doble, como para subrayar la grandeza del don que habían recibido. Raguel le promete a Tobías la mitad de sus bienes a su regreso a Nínive, asegurándole que la otra mitad sería suya cuando él y su esposa Edna muriesen.

En el breve capítulo 9, que consta apenas de seis versículos, Rafael es enviado por Tobías, junto con cuatro criados y dos camellos, y el documento del depósito a Ragués para recuperar con Gabael el dinero de su padre. Rafael-Azarías así lo hace y además trae consigo a Gabael para unirse a la fiesta de bodas.

Al entrar en la casa de Raguel, encuentran a Tobías a la mesa. Este se levanta de un salto, saluda a Gabael, el cual se conmueve y los bendice, alabándolo a él y a su padre Tobit. Pide al Señor que bendiga a Tobías y a su esposa Sara, y a sus padres, y agradece a Dios que le permita ver en Tobías un vivo retrato de su pariente Tobit.

Lectio divina

Pasa de 8 a 10 minutos en contemplación silenciosa del siguiente pasaje:

El relato del matrimonio de Tobías y Sara, todo él envuelto en una gran belleza y pudor, nos habla de la gran dignidad de esta institución natural y que Cristo Señor elevará a la categoría de sacramento. La fe bíblica es invocada en sus elementos esenciales, recordando el proyecto de Dios sobre la unión del hombre y la mujer. La oración de los esposos antes del acto conyugal, subraya con fuerza la sacralidad del mismo. Toda la escena trasmite un mensaje de gran actualidad, sobre todo en el contexto cultural moderno en el que se banaliza enormemente la sexualidad humana. La festiva celebración de las bodas muestra la gran bendición que Dios concede a los que contraen matrimonio según su proyecto originario.

✠ Qué más podemos aprender de este pasaje?

Día 2: La curación de Tobit (Tob 10—11)

La siguiente escena (10:1-7) quita momentáneamente la atención del lector de Ecbátana con su festivo ambiente y la lleva a Nínive, a la casa de Tobit. El narrador nos dice que Tobit había llevado cuenta exacta de los días necesarios para el viaje. El retraso le lleva a pensar en la posibilidad de que alguna dificultad haya retenido a su hijo en Media más de lo necesario. Quizás Gabael había muerto y no había nadie que pudiera entregar el dinero a Tobit. La madre Ana se encontraba en gran aflicción, pensando que posiblemente su hijo había ya muerto. Y aunque Tobit, un tanto más sereno, trataba de calmarla, ella se angustiaba todavía más pensando en la posibilidad de que hubiera muerto su único hijo. Todos los días se asomaba al camino para ver si volvía. Al caer el sol, entraba en casa, lloraba y se lamentaba, sin lograr conciliar el sueño.

Con los ojos de nuevo en Ecbátana, nos dice el narrador que los catorce días de celebración de las bodas estaban llegando a su fin. Tobías entonces, pensando que su padre estaría angustiado por su retraso, pide a Raguel que lo deje partir. Este le dice que se quede todavía unos días más y que él enviará mensajeros a su padre para darle noticias suyas. Pero Tobías insiste en volver a su padre. Raguel entonces accede y junto con su hija, envía la mitad de sus bienes, según lo que había prometido: "criados, criadas, bueyes y carneros, burros y camellos, vestidos, plata y utensilios". Y, abrazando a Tobías, les desea un feliz viaje de regreso y pronuncia una bendición pidiendo al Señor del Cielo que les conceda prosperidad y que pueda ver a sus nietos antes de que muera. Le dice a Sara que honre a sus suegros como a sus padres. Edna también los bendice y encarga a Tobías de modo especial a su hija Sara. Besando a ambos, los despide.

El narrador nos dice que Tobías entonces, lleno de alegría, bendijo al Señor del cielo y de la tierra, un apelativo divino caro al autor, por haber hecho próspero su viaje y pide al Señor que le conceda honrar a sus suegros todos los días de su vida.

El capítulo 11 narra el regreso a casa. Estando ya cerca de Nínive, en un lugar llamado Caserín, Rafael le sugiere a Tobías que se adelanten, considerando la ceguera de su padre y le dice que tome en sus manos la hiel del pez. El perro, fiel compañero de viaje, les sigue detrás. Ana, quien miraba hacia el camino, vio a su hijo Tobías volviendo y con voz en grito le dio la noticia a Tobit. Rafael instruye de nuevo a Tobías sobre el tratamiento que debe dar a los ojos de su padre, asegurándole que volvería a ver, quitándole las manchas blancas de sus ojos. Ana entonces corre al encuentro de su hijo y lo abraza efusivamente con lágrimas. Tobías, por su parte, se levanta y sale tambaleándose a la puerta del patio. Tobías corre a su encuentro y hace exactamente lo que el ángel le dijo. Y Tobit recupera la vista.

Tobit alaba al Señor y a sus santos ángeles. Afirma que Dios lo había afligido pero ahora le mostraba misericordia (cf. 1 Sam 2:6; Os 6:1; Job 5:17-18; Sal 103:3). Habiendo recuperado la vista, ahora podía ver de nuevo a su hijo, Tobías. En esta afirmación de Tobit, el autor juega con los términos, que en el contexto de la feliz resolución de la historia, cantan la bondad de Dios. Habiendo recuperado la vista (símbolo de la fe), Tobit puede ver de nuevo a Tobías ("el Señor es bueno"). Tobías le cuenta de su matrimonio con Sara y padre e hijo salen hasta las puertas de Nínive, al encuentro de Sara. La gente de Nínive se sorprende al ver al que antes era ciego caminando normalmente. Tobit entonces proclama que el Señor había tenido misericordia para con él y le había devuelto la vista. Al dar la bienvenida a Sara, Tobit la bendice y la acoge como a una hija. Bendice a Dios, a los padres de Sara, a su hijo Tobías y la recibe en su casa.

Las felices noticias sobre la familia de Tobit, nos dice el narrador, traen gran alegría a los judíos de Nínive. Ajicar y su sobrino Nadab también se alegran con Tobit. Y una nueva fiesta de bodas se realiza en Nínive durante siete días, para festejar el matrimonio de Tobías y Sara.

Lectio divina

Pasa de 8 a 10 minutos en contemplación silenciosa del siguiente pasaje:

Tobit y Ana sintieron gran angustia cuando el regreso del hijo no tuvo lugar en el tiempo esperado. Este simple hecho nos recuerda la fragilidad de la naturaleza humana. La fe no nos quita el dolor de experimentar a veces el miedo y la angustia. María, Madre de Jesús, en el episodio de su pérdida durante tres días, dice explícitamente haber experimentado angustia (cf. Lc 2:48). Pero la fe nos da la fuerza para recuperar la serenidad, cuando nuestro corazón se aflige. Para el creyente la oración es siempre un oasis en donde puede encontrar paz.

✠ Qué más podemos aprender de este pasaje?

Día 3: Rafael revela su identidad (Tob 12)

Al final de los siete días de la boda, Tobit llama a su hijo Tobías y le indica que pague al compañero de viaje el sueldo prometido. Tobías le pregunta si no debería darle incluso la mitad de lo que había recibido de su suegro Raguel, dado el gran bien que había recibido con su ayuda. Tobit inmediatamente accede. Tobías entonces ofrece a Azarías-Rafael la mitad de los bienes que habían traído en el viaje. Rafael entonces, llamando aparte a Tobit y Tobías, les dice que bendigan y agradezcan al Señor con cánticos, delante de todos, por las grandes cosas que ha realizado en sus vidas. "Bueno es mantener oculto el secreto del rey y también es bueno proclamar y publicar las obras gloriosas de Dios" (Tob 12:7).

Si ellos realizan buenas obras, el mal no les hará tropezar. A estos dichos, propios de la literatura sapiencial, Rafael añade otros centrándose en el valor de la limosna. Dice que la limosna libra de la muerte y purifica de todo pecado.

Rafael entonces les revela "la verdad completa". En primer lugar, le dice a Tobías que cuando él y Sara hacían oración, era él quien presentaba sus súplicas ante Dios. Lo mismo hacía con las buenas obras que Tobit realizaba cuando ayudaba a otros y enterraba a los muertos. Les dice que Dios lo envió para curar a Tobit y a Sara, y añade: "Yo soy Rafael, uno de los siete ángeles que están siempre presentes y tienen entrada a la Gloria del Señor". Los nombres de otros dos ángeles los encontramos en el libro de Daniel: Gabriel, en Daniel 8:16 y Miguel, en Daniel 10:13.

En este punto, Tobit y Tobías cayeron por tierra aterrorizados. Rafael les anima a no tener miedo y les insiste que no había venido por iniciativa suya, sino por deseo de Dios. Les dice que ahora regresaba junto al que lo había enviado. Les pide que pongan por escrito todo lo que les había sucedido y se elevó a la vista de ellos. Tobit y Tobías, nos dice el narrador, bendecían a Dios, entonaban himnos y daban gracias al Señor por las grandes obras que había realizado en su favor y porque se les había aparecido un ángel de Dios.

Lectio divina

Pasa de 8 a 10 minutos en contemplación silenciosa del siguiente pasaje:

Al revelar su verdadera identidad a Tobit y Tobías, Rafael les dice que el bien que se había realizado no era por iniciativa suya, sino por voluntad de Dios y los invita a alabar y bendecir al Autor del mismo. Muchas veces en nuestra vida podemos quedarnos en la consideración del don recibido y quizás no le damos suficientes gracias a Dios; ponemos nuestros ojos más en el don que en la bondad del generoso Dador. La historia de Tobit nos invita a la contemplación de la infinita bondad de Dios que se manifiesta en nuestra vida la mayoría de las veces en experiencias sencillas, pero cargadas de amor divino. Ellas nos ayudan a crecer en la fe y a unirnos más a Dios nuestro Padre.

✠   ¿Qué más podemos aprender de este pasaje?

Día 4: El canto de alabanza de Tobit (Tob 13)

Entre la revelación de Rafael y el capítulo final del libro, el autor pone en boca de Tobit un canto de alabanza. Aunque la historia de Tobit se ambienta en Nínive, durante el período del exilio en Asiria de las tribus del Reino del Norte, Israel, el autor que la escribe durante el siglo II a.C., tenía ya conocimiento de las pruebas vividas por su pueblo en los siglos siguientes.

El himno tiene dos partes. La primera (Tob 13:1-8) es una alabanza que retoma motivos de los salmos y de la literatura deuteronomista, y habla de la misericordia de Dios y su obrar en la historia del pueblo. La segunda parte o estrofa (Tob 13:9-18) es un apóstrofe dirigido a Jerusalén, en el cual el autor refiere, con expresiones tomadas de los profetas del post exilio (especialmente de la tercera parte del libro de Isaías), la suerte que correrá la Ciudad Santa y el destino glorioso que le espera por la acción de Dios.

Tobit empieza su cantico bendiciendo al Señor que vive para siempre y cuyo reino es eterno. Los israelitas fieles consideraban a Dios como su verdadero rey. De su propia experiencia (de exilio y retorno) pueden decir que el Señor aflige pero manifiesta misericordia; hace bajar al Hades pero de allá hace volver. Su dominio es absoluto. Con dichas expresiones el autor quiere vincular ahora la suerte de Tobit, quien se consideraba como un muerto viviendo entre los vivos (cf. Tob 5:10), con la experiencia vivida por el pueblo. Por ello en el versículo siguiente invita a los hijos de Israel a confesarle ante todos los pueblos, entre los cuales ellos se encontraban dispersos, y allí proclamar su grandeza y alabarlo, "porque Él es nuestro Dios y Señor, nuestro Padre por todos los siglos".

Tobías afirma, en términos que encontramos con frecuencia en la literatura profética y sapiencial, que el Señor corrige a su pueblo cuando peca, pero también le manifiesta misericordia cuando se arrepiente; anima a sus coterráneos a considerar todo lo que el Señor ha hecho por ellos y a darle gracias, bendecir y exaltar al Señor, Rey de los siglos. Los anima también a hacer lo que es correcto ante Dios, para que los perdone.

La segunda estrofa se abre con la palabra "Jerusalén" la cual, personificada, se hace el sujeto y tema de la segunda parte del himno. Tobías habla de un futuro castigo que la Ciudad Santa recibirá a causa de "sus" pecados, es decir, de los pecados de sus habitantes, lo cual al tiempo del autor era un hecho ya pasado. Y, retomando el tema de los versículos iniciales, afirma que de nuevo tendrá compasión de los hijos de los justos. Tobías urge ahora a la ciudad como en la primera estrofa a sus hermanos israelitas, a ofrecerle al Señor una acción de gracias y a alabar al Rey de los siglos, para que su tabernáculo (el Templo) vuelva a ser reconstruido con alegría. Coherente con la ambientación de su historia, el autor habla como si viviese antes del regreso de los israelitas del exilio de Babilonia, sabiendo de hecho que el Templo, al regreso de los israelitas, sería reconstruido.

Jerusalén es descrita como un lugar de luz que iluminará a las naciones de las cuales muchos vendrán trayendo regalos al Rey del cielo y de generación en generación darán culto al Señor dentro de sus muros, haciendo grande su nombre por siempre. Siguen entonces una secuencia de maldiciones y bendiciones, lo cual es un recurso literario frecuente en la literatura bíblica utilizado para subrayar lo negativo y resaltar lo positivo. Hay maldiciones para quienes desprecien, odien, vituperen o destruyan a la Ciudad; las bendiciones son para quienes cultiven una actitud de respeto hacia la Ciudad Santa. Jerusalén será reconstruida como morada de Dios para siempre (refiriéndose al Templo). En este punto Tobit retoma expresiones del libro de Isaías sobre la Jerusalén ideal que Dios construirá en el futuro, con puertas y muros de piedras preciosas, torres de oro y calles de joyas.

Y concluye describiendo la ciudad exultante de alegría, con sus puertas y casas cantando aleluyas al Señor. En la nueva Jerusalén los bienaventurados bendecirán al Santo Nombre (modo bíblico para referirse a Dios) por los siglos de los siglos.

Lectio divina

Pasa de 8 a 10 minutos en contemplación silenciosa del siguiente pasaje:

La alabanza es una forma especial de oración. A través de ella ofrecemos a Dios nuestro reconocimiento de la forma más gratuita posible. Tobit, en su canto de alabanza, a través del cual el autor entrelaza la historia de su personaje principal con la de su pueblo, proclama sobre todo la soberanía de Dios y su señorío sobre la historia. Dios es aclamado como el Viviente, Padre del pueblo, Señor y Rey del Cielo, Soberano de los siglos. Dicho reconocimiento inspira auténticos sentimientos de piedad y reverencia, que ayudan a crecer en la fe.

✠ ¿Qué más podemos aprender de este pasaje?

Día 5: Epílogo (Tob 14)

El capítulo 14 sirve de epílogo a la historia de Tobit. Este se divide en dos partes principales, una que trata de los últimos días de Tobit y la otra, de los de Tobías. El autor lo abre anticipando la noticia de la muerte de Tobit a la edad de 112 años, recibiendo honrosa sepultura en Nínive. Resume su vida diciendo que había perdido la vista a los 62 años y que después de recuperarla pasó el resto de sus días practicando la caridad y bendiciendo a Dios. A continuación el autor refiere las últimas palabras de Tobit a su hijo Tobías (y sus nietos). Estas constituyen una especie de testamento espiritual.

Tobit empieza invitando a Tobías a partir para Media, haciendo una referencia a la profecía de Nahúm sobre Nínive, la cual habla de su destrucción (cf. Na 1:1; 2:8-10,13; 3:18-19). Tobit hace una hermosa profesión de fe en la palabra de Dios, que su pueblo había recibido a través de los profetas. A continuación, como si se tratara de eventos venideros, Tobit repite de forma narrativa los eventos a los que había aludido en su himno de alabanza respecto a la suerte de Jerusalén (especialmente), el castigo y el restablecimiento del Lugar Santo, y el futuro regreso de los exiliados a la "tierra de Abrahán" (cf. Tob 14:7).

Después, retomando ideas de su instrucción a Tobías en 4:5-11, Tobit recomienda la piedad y reverencia para con Dios e invita al pueblo a practicar la caridad y la misericordia para con el prójimo. Insiste en el valor de la limosna, en el sentido ya anteriormente explicado, dedicando algunas líneas a recordar el final de la historia de Ajicar (cf. Lección 1, Estudio en grupo p. X).

El autor entonces refiere la muerte de Tobit y luego la de su esposa Ana, a la cual Tobías sepultó junto a su padre; después habla de la partida del Tobías a Ecbátana en Media, en donde vivió junto a sus suegros, cuidando de ellos con gran piedad hasta que murieron. Tobías heredó, además de los bienes de su padre, los de su suegro Raguel, y vivió hasta la edad de 117 años, habiendo vivido una vida honrada. Antes de su muerte supo de la ruina de Nínive y bendijo a Dios, confirmando en vida que las palabras del Señor se realizan plenamente a su tiempo.

Lectio divina

Pasa de 8 a 10 minutos en contemplación silenciosa del siguiente pasaje:

Uno de los principales temas en que el autor insiste en la historia de Tobías, es el valor de la limosna. Esta implica no solamente dar dinero a alguien, sino las diversas obras de misericordia en relación con el prójimo (como dar de comer al que tiene hambre, vestir al que no tiene ropa o sepultar a los muertos). La enseñanza del autor en este sentido ilumina las palabras de Jesús que encontramos en el Evangelio de Mateo: "Tú, en cambio, cuando des limosna, que no sepa tu mano izquierda lo que hace tu derecha; así tu limosna quedará en secreto; y tu Padre, que ve en lo secreto, te recompensará" (Mt 6:3-4). Dios bendice al que comparte sus bienes con otros y concede misericordia a los que tienen misericordia para con sus hermanos.

✠ ¿Qué más podemos aprender de este pasaje?

Preguntas de repaso

1. ¿Qué dificultades enfrenta Tobías en su viaje a Media y cómo las supera?
2. ¿De qué manera Rafael ayuda a Tobit, Tobías y Sara?
3. ¿Qué enseñanzas deja Rafael a Tobit y a Tobías antes de ascender al cielo?
4. ¿Qué podemos aprender para nuestra vida del capítulo final de la historia de Tobit?

El libro de Judit

JUDIT 1—16

Cantaré a mi Dios un cantar nuevo: «¡Tú eres grande, Señor, eres glorioso, admirable en poder e insuperable!» (16:13).

Oración inicial (ver página 14)

Contexto

Parte 1: Judit 1—3 El libro de Judit es una historia legendaria escrita en torno al año 100 a.C. Es la historia de una mujer de nombre Judit, una viuda muy estimada por su piedad, la cual salvó al pueblo judío del ejército asirio. Su nombre en hebreo significa simplemente "mujer judía". En la historia, el gran general de nombre Holofernes muere a manos de una mujer, una desgracia muy grande en los tiempos antiguos. Aunque escrita en el tardo periodo helenístico, es decir, de la dominación griega en el Medio Oriente Antiguo, la historia está ambientada en el tiempo en que la nación asiria era una potencia internacional. En los capítulos 1 al 3, el rey Nabucodonosor convoca a las naciones de occidente de Persia a unirse a él en su batalla contra Arfaxad, rey de los medos, pero dichas naciones se rehúsan a ayudarlo. Habiendo derrotado al rey Arfaxad, Nabucodonosor envía a su general Holofernes a destruir las naciones que se rehusaron a luchar de su parte.

Parte 2: Judit 4—16 Holofernes se prepara a luchar contra los israelitas en Betulia. Ajior, jefe de los amonitas, dice a Holofernes que los israelitas podrían derrotarlo. Como castigo, Ajior es enviado a los israelitas con la amenaza de que lo matarían una vez que Holofernes diera muerte a los israelitas. Judit entra en escena como instrumento del Señor contra el ejército de Holofernes. Valiéndose de su belleza para acceder al campamento de los asirios, se gana la confianza de Holofernes. Cierta noche, Judit decapita a Holofernes y lleva su cabeza a su pueblo. La muerte de Holofernes causa pánico entre las tropas asirias y los israelitas los conquistan.

PARTE 1: ESTUDIO EN GRUPO (JDT 1—3)

Leer en voz alta Judit 1—3.

Nabucodonosor derrota a Arfaxad (1:1-16)

La primera línea del libro de Judit es muy importante. Con esta, el autor ofrece al lector una clave de lectura fundamental para la obra que empieza a leer: no se trata de una obra de carácter histórico. En efecto, en Judit 1:1 el autor hace esta afirmación peculiar: que Nabucodonosor, reinaba sobre los asirios, en Nínive; y que Arfaxad, en el mismo periodo reinaba sobre los medos, en Ecbátana. Para un lector familiarizado con la historia bíblica del Israel Antiguo, inmediatamente le llaman la atención estos datos. Primero, porque Nabucodonosor no fue rey de los asirios, sino de los babilonios; segundo, porque Nínive no fue la capital de su imperio, pues había sido destruida en 612 a.C., mucho antes de que se convirtiera en rey; y tercero, porque la historia bíblica, y profana, desconoce a algún rey de los medos que haya llevado por nombre Arfaxad.

Algunos comentaristas consideraron dichos errores fruto de la ignorancia histórica y geográfica por parte del autor; otros los han intentado justificar diciendo que estos y otros errores que se encuentran en la historia se deben a la distancia temporal que media entre los hechos y el momento en que se escribió el libro. Hoy los estudiosos son casi unánimes en afirmar que el autor, no solo demuestra tener amplios conocimientos históricos y geográficos relativos a los temas de los que se vale para componer su historia, sino que sus aparentes errores, encontrados desde las primeras líneas, son intencionales: son un recurso literario. A través de este y de otros datos de carácter puramente imaginarios o ficticios (como la ciudad de Betulia), el autor crea una histórica simbólica cargada de ironía y a la vez desarrolla una teología particularmente refinada y bien articulada.

El capítulo inicial del libro trata de la supuesta victoria de Nabucodonosor sobre Arfaxad de los medos, un reino que quedaba al oriente. Nabucodonosor convocó a diversas naciones vasallas de Persia y del oriente, desde la Cilicia y el Líbano al norte, pasando por Israel, llegando hasta Egipto, para unirse a él en la batalla contra Arfaxad. Estas, sin embargo, despreciaron la convocatoria del Nabucodonosor. El límite oriental del imperio "asirio" (babilonio) en el periodo anterior al siglo V a.C. era Media y no Persia, como dice el autor. Los reinos rebeldes subestimaron la fuerza de Nabucodonosor, considerando que llevaban ventaja contra una nación sola. Humillaron a los enviados del rey y con esto quedaron bajo juramento de venganza "por su trono y reinado" del poderoso rey "asirio".

El poder conquistador de Nabucodonosor viene afirmado con la descripción de la fortaleza de Ecbátana, con sus gruesos y altos muros, sus torres y puertas de excepcionales dimensiones, que este destruirá. El rey "asirio" luchará contra el rey medo en las planicies de Ragués (ciudad natal de Gabael en la historia de Tobías).

En el año décimo séptimo del reino de Nabucodonosor, este ganó la batalla contra las fuerzas de Arfaxad y tomó posesión de sus ciudades. Invadió Ecbátana, destruyó sus torres, saqueó sus mercados, reduciendo a vergüenza la ciudad en otros tiempos llena de gloria. Además, capturó a Arfaxad en las montañas de Ragués y lo mató. A su regreso a Nínive, triunfante y con un ejército fortalecido, Nabucodonosor descansó y festejó durante 120 días.

2—3 Las conquistas de Holofernes

En el vigésimo segundo día del primer mes, del décimo octavo año del reinado de Nabucodonosor, este convocó a sus jefes y oficiales, y les informó de sus planes de destruir todas las naciones que se habían rehusado a unirse a él en su batalla contra Media. La fecha de dicha reunión en nuestro libro coincide con la de la destrucción de Jerusalén por los babilonios, esto es, el 587 a.C.

El capítulo 2 introduce la importante figura del general "asirio" Holofernes, presentado como el segundo en el mando después del rey. Este recibe órdenes de tomar un ejército de 120,000 soldados y 12,000 jinetes, y marchar contra las naciones del oeste que se habían rehusado a obedecer sus órdenes. Nabucodonosor exhorta a Holofernes a decir a las naciones que tengan "tierra y agua listos para ellos", signo de sometimiento al enemigo. Promete cubrir toda la tierra con los pies de sus soldados, significando con ello la enorme proporción de su ofensiva. Los heridos serán incontables; los ríos se desbordarán de cadáveres; los sobrevivientes serán deportados hasta los puntos más remotos de la tierra.

Holofernes debe tomar posesión de todo el territorio de los que se rehusaron a ayudar al rey Nabucodonosor. En caso de que se entreguen, los preservará hasta el día de su juicio; pero no debe mostrar clemencia para con los rebeldes. Las órdenes del rey deben ser obedecidas puntualmente tal y como han sido proferidas. Holofernes entonces reúne su ejército, conforme a las órdenes del rey, juntando además una amplia flota de animales de carga para sus provisiones, así como una gran suma en oro y plata del tesoro real. El capítulo termina refiriendo el éxito de las primeras conquistas del general asirio, las cuales esparcen gran temor a los habitantes de muchas naciones.

Lo primeros versículos del capítulo 3 introducen el inicio de la campaña de Holofernes por Palestina. Los territorios del norte y de la costa envían emisarios al general con una propuesta de paz, presentándose como siervos de Nabucodonosor, poniendo sus tierras y posesiones a plena disposición del general asirio. Holofernes acoge la oferta, incorpora guerreros a sus tropas y establece guarniciones en varios lugares. Se dice que la gente del lugar lo recibió con guirlandas y danzas. Sin embargo, Holofernes, ignorando su amistosa bienvenida, saquea sus territorios, destruye los lugares de culto locales e incita a la adoración del emperador.

La idea de invocar al emperador como un dios fue una práctica común a partir del siglo II a.C., no antes. Los reyes helenísticos fueron los que empezaron a aceptar dicho tratamiento, en especial los Seléucidas y, en particular, Antíoco IV, quien se intituló a sí mismo "Epífanes", es decir, manifestación de la divinidad (cf. 2 Mac 9:12; Dan 3:6). Pero de nuevo, más que una señal de ignorancia del autor, es un recurso literario que utiliza para poner más y más en evidencia el contexto histórico del cual desea ofrecer su irónica crítica (el de la dominación siria sobre Palestina).

Al final, Holofernes pondrá su campamento en las cercanías de Dotán, una ciudad del territorio de Efraím, en las cercanías de la Judea, al sur.

Preguntas de repaso:

1. ¿Cuál es el motivo de los aparentes errores históricos y geográficos del libro de Judit?
2. ¿Cuál es el mensaje principal de los tres primeros capítulos de la historia de Judit?
3. ¿Qué busca enfatizar el autor al decir que Holofernes destruye los lugares de culto de las naciones que va conquistando?

Oración final (ver página 15)

Hacer la oración final ahora o después de la *Lectio divina*

Lectio divina (ver página 8)

Relájate y mantén una postura de oración (espalda recta, ojos cerrados, pies apoyados en el suelo). Este ejercicio puede durar cuanto gustes, pero en el contexto de este estudio bíblico, de 10 a 20 minutos deberían ser suficientes.

Las meditaciones que siguen se ofrecen para ayudar a los participantes a usar esta forma de oración, pero hay que considerar que la *Lectio* está pensada para conducirlos a un ambiente de contemplación orante, donde la Palabra de Dios habla al corazón de quien la escucha (ve la página 8 para más instrucciones).

Nabucodonosor derrota a Arfaxad (1:1-16)

Con el relato de la derrota de Arfaxad, el autor introduce y resalta el tema de la prepotencia de los grandes imperios a lo largo de la historia y que ha sido fuente de violencia y destrucción sin medida. Dichas potencias mundiales se han sucedido una tras otra; son imperios que no han perdurado. Jesús, durante su pasión, dijo ser rey, pero aclaró que su reino no era de este mundo (cf. Jn 18:36-37). Muchos salmos cantan el reinado de Dios y de su Mesías (cf. Sal 2; 95; 96). Jesús se presentó como rey humilde y servidor de todos. Desde su venida, su Reino se mantiene y sigue conquistando corazones.

✠ ¿Qué más podemos aprender de este pasaje?

Las conquistas de Holofernes (2—3)

Holofernes lleva a cabo en los dos capítulos siguientes las órdenes de Nabucodonosor. Es de notar que su actuación va más allá incluso de las mismas órdenes del rey, pues este no había ordenado, por ejemplo, la destrucción de los lugares de culto. La persona que de alguna forma opta o colabora con el mal muchas veces va más allá de los límites iniciales. La acción intolerante del general "asirio" se ha hecho realidad en tantos momentos de la historia hasta nuestros días. La Iglesia sigue insistiendo en el respeto a las conciencias y en la libertad religiosa.

✠ ¿Qué más podemos aprender de este pasaje?

PARTE 2: ESTUDIO INDIVIDUAL (JDT 4—16)

Día 1: Holofernes y Judea (4—5)

"El enemigo está ya a las puertas", podría ser el título de los dos capítulos siguientes de nuestra historia. Holofernes con sus hombres está a las puertas de Judea y, por lo mismo, a las puertas de Jerusalén y del Templo. Los israelitas, habiendo oído sobre la acción del general asirio y su ejército, temieron hondamente por sí mismos, por su Ciudad Santa y por el Templo. En 4:3 se lee que los israelitas hacía poco "habían vuelto del destierro y apenas si acababa de reunirse el pueblo de Judea y de ser consagrados el mobiliario, el altar y el templo profanados". El exilio del que se habla, solo puede ser el de Babilonia, dado que según el relato bíblico, jamás hubo un retorno de las tribus del Norte del exilio asirio. El autor juega de nuevo idealmente con la historia, pues los judíos solo regresan del exilio en 538 a.C. bajo Ciro, el persa, habiendo muerto Nabucodonosor en 562 a.C.

La referencia a la purificación del Templo y de los utensilios es una expresión clave en este punto de la narración. Podría ser una alusión al periodo inmediatamente posterior al regreso de los judíos de Babilonia, según lo que se refiere en los libros de Esdras (cf. 3:6.12) y Ageo (1:1-4). Sin embargo, lo más probable es que sea una referencia a la purificación del Templo y el restablecimiento del culto realizado por Judas Macabeo en 165 a.C., después de la profanación del mismo por Antíoco IV Epífanes (cf. 1 Mac 4:36-59).

A continuación el autor refiere la orden de resistir al enemigo dada por el Sumo Sacerdote Joaquín y viene por primera vez mencionada la ciudad de Betulia (escenario principal de la segunda parte del libro de Judit). El gobierno en manos del Sumo Sacerdote y los ancianos del que habla Judit

4:8 es una institución que tuvo su desarrollo en el tardo periodo post-exílico, más específicamente durante el siglo II a.C. El capítulo 4 se concluye con la referencia a la oración penitencial del pueblo, que con oraciones, ayuno y vistiéndose de saco, pide ayuda y protección al Señor en este momento de peligro. En el v.13, que es la transición de la súplica penitencial del pueblo a la súplica penitencial de los sacerdotes y ancianos, el narrador nos da una gran noticia: el Señor oyó su voz y vio su angustia (cf. Éx 2:23-25).

El capítulo 5 inicia hablando del momento en que Holofernes es informado sobre la resistencia de los israelitas. Le hablan de cómo estos han bloqueado el paso de las montañas, fortificado los collados y armado barricadas. Y como era de esperarse, el general se enoja muchísimo. A continuación manda llamar a los jefes de Moab y Amón, y les pide informes sobre el pueblo rebelde. El general desea saber: cuál es el pueblo que se ha instalado en la montaña, qué ciudades habita, cuál es la tamaño de su ejército y en qué estriba su poder y su fuerza; qué rey está a su frente; y por qué, a diferencia de todos los demás pueblos de occidente, han desdeñado salir a recibirle (cf. Jdt 5:3-4).

Se presenta entonces un personaje de nombre Ajior, general del ejército Amonita, y recita, casi en forma de un credo histórico, los hitos principales de la historia de Israel. Empieza su relación hablando de Abrahán y de su migración desde Ur de los caldeos. Los israelitas son descendientes de los caldeos, los cuales se rehusaron a dar culto a los dioses de sus antepasados para adorar al "Dios del cielo". Por esta razón fueron expulsados de su tierra, vivieron en Mesopotamia por un largo tiempo hasta que su Dios les dijo que partiesen y se fueran a vivir a la tierra de Canaán. Allá se hicieron ricos en oro, plata y ganado. Durante un periodo de hambre en aquellas tierras, emigraron a Egipto y allá permanecieron mientras encontraron provisiones. Se multiplicaron hasta el punto de que se convirtieron en un pueblo numeroso. El rey del Egipto los redujo a la esclavitud; pero ellos gritaron a su Dios, el cual hirió la tierra de Egipto con continuas plagas.

Los egipcios entonces expulsaron a los israelitas de su tierra, su Dios secó ante ellos el Mar Rojo y los condujo por el Sinaí hasta Cadés Barnea. Expulsó a pueblos numerosos y los instaló en la tierra de los amorreos. Por su fuerza, aniquilaron a los jesbonitas, cruzaron el Jordán y tomaron posesión de la zona montañosa. Expulsaron a los antiguos habitantes de aquellas regiones y vivieron allá durante un largo tiempo.

Mientras los israelitas permanecieron fieles a su Dios y no pecaron – prosiguió Ajior– prosperaron, pues su Dios es un Dios que odia la injusticia. Pero cuando se apartaron de aquel camino, fueron aniquilados por diversas guerras y sufrieron la deportación a tierras extranjeras. El templo de su Dios fue arrasado y sus ciudades cayeron en manos del poder enemigo, lo cual es un lenguaje típico de la literatura deuteronomista (cf. Dt 8; 29; Jue 2:11-19). Habiéndose arrepentido y vuelto de nuevo a su Dios, este pueblo se apoderó de nuevo de sus antiguas ciudades, especialmente de las que se encontraban en la región de las montañas y en ella, de Jerusalén, en dónde se encuentra el templo de su Dios. Ajior termina sus palabras a Holofernes, diciendo que analicen primero si el pueblo sigue fiel a su Dios, pues de ser así, tendrán la fuerza necesaria para resistir a cualquier enemigo.

Cuando Ajior terminó de hablar, los que allí se hallaban reunidos junto con los magnates de Holofernes murmuraron contra él, aludiendo a su superioridad militar y sosteniendo que podían vencer al pueblo de Israel. E insistieron ante el general en hacer un ataque a Israel.

Lectio divina

Pasa de 8 a 10 minutos en contemplación silenciosa del siguiente pasaje:
No obstante todo lo que el pueblo de Israel había tenido que sufrir a lo largo de su historia, su fe en la protección de Dios lo mantuvo floreciente. A lo largo de los siglos, de modo semejante al pueblo judío, los cristianos han tenido que afrontar innumerables dificultades y persecuciones, pero se han mantenido fieles hasta el día de hoy. La única explicación posible a todo esto es la especial asistencia del Señor: "Y he aquí que yo estoy con ustedes todos los días hasta el fin del mundo" (Mt 28:20).
✠ ¿Qué más podemos aprender de este pasaje?

Día 2: El cerco de Betulia (Jdt 6—7)

Holofernes protesta ante el consejo de Ajior de no luchar contra los israelitas y pregunta qué dios hay que se compare a Nabucodonosor. Afirma que el Dios de los israelitas no será capaz de salvarles y proclama con soberbia que los siervos del rey y su ejército harán que aquellas montañas se embriaguen de sangre y que sus llanuras se cubran con los cadáveres de los israelitas. Aunque Ajior había hablado con la verdad, Holofernes le dice que no lo vería de nuevo hasta que se vengase de la "ralea venida de Egipto" (6:5). Y ordena a sus hombres escoltar a Ajior hasta una de las ciudades israelitas amenazándole de muerte junto con el pueblo enemigo, añadiendo irónicamente: "no muestres un rostro tan abatido, pues seguro que esperas en tu corazón que no sean conquistados" (6:9). Ajior entonces es llevado hasta las fuentes que se encontraban a los pies de Betulia y allí lo dejan atado. Una vez que lo recogen los de Betulia, todo el pueblo y los ancianos son convocados en asamblea por los jefes y Ajior les cuenta lo que sucedió en el campamento asirio, lo que dijo a Holofernes y la reacción de este. Al oír el relato de Ajior, el pueblo de Betulia se postró, adoró a su Dios y clamó por ayuda. El capítulo 6 se concluye con esta afirmación: "Y estuvieron invocando la ayuda del Dios de Israel durante toda la noche" (v. 21).

Al igual que en Tobías, el autor de Judit también juega con el recurso de dar información al lector que los personajes de la narración desconocen. El episodio de Ajior es el segundo en el que el pueblo recibe información sobre las violentas intenciones de Holofernes (el primero fue en el mensaje del Sumo Sacerdote Joaquín, en al capítulo 4). En este punto de la narración, el lector ya sabe que el Señor había escuchado las súplicas de los israelitas y sus ojos se habían vuelto hacia su angustia (4:13), aunque aún no sabe cómo Dios les va a enviar su ayuda. Dentro del relato, la información es desconocida y por ello el pueblo sigue orando fervientemente a Dios.

En el capítulo 7, Holofernes ordena a sus tropas y a sus aliados emprender la marcha contra Betulia. Su numeroso ejército acampa en la valle cerca de la fuente en dónde habían dejado a Ajior, desplegando ampliamente el contingente ante los ojos de los israelitas. Al ver tal despliegue y el número de efectivos del enemigo, Israel queda sobrecogido, pero todavía tiene fuerzas para velar aquella noche.

Al segundo día, Holofernes hace desfilar su caballería ante los israelitas, inspecciona el terreno y se apodera de las fuentes, poniendo contingentes de soldados para que las vigilen. Los líderes de los edomitas y moabitas tomaron entonces la palabra y le aconsejaron a Holofernes que tomase control de todas las fuentes de agua que alimentaban a la ciudad, afirmando que los israelitas no confiaban tanto en sus armas cuanto en la altura de su morada. La falta de agua haría que los de Betulia tuvieran que entregarse, consumidos por la sed y el hambre, y así Holofernes no perdería en batalla a ninguno de sus soldados. Ellos, por su parte, vigilarían desde la montaña para que nadie del pueblo saliera o entrara en busca de agua o víveres. La propuesta agradó a Holofernes y así procedieron.

El capítulo 7 se cierra describiendo la terrible situación en la que empieza a encontrarse el pueblo de Betulia. A todos los habitantes se les empiezan a terminar las reservas de agua; las cisternas comunes empiezan a ser racionadas; a la gente comienzan a faltarle las fuerzas. El pueblo entonces se reúne en torno al líder del pueblo, Ozías (irónicamente este nombre en hebreo significa "el Señor es mi fuerza") y a los ancianos, y en su desesperación, empiezan a desconfiar de la ayuda de Dios y a sugerir entregarse a los asirios con tal de no morir ellos y sus hijos. Ozías entonces les invita a la confianza, a resistir cinco días más, diciendo que en el trascurso de ese período el Señor manifestaría su misericordia hacia ellos. En la ciudad, sin embargo, había gran abatimiento.

Lectio divina

Pasa de 8 a 10 minutos en contemplación silenciosa del siguiente pasaje:

Aunque los israelitas se encontraran en una situación desesperada, los líderes del pueblo los animaban a confiar en Dios. Es un hecho que el creyente tiene que pasar por dificultades. Dios prueba al justo como el oro en el crisol (cf. Prov 17:3; Sab 3:6). Es la prueba de la fe, de la cual la Escritura nos da amplio testimonio. Es fácil decir que creemos y confiamos en Dios cuando todo va bien. Como otros relatos bíblicos, la historia de Judit también enseña una verdad consoladora: que la ayuda de Dios nunca falla. Basta saber esperar y perseverar en la súplica confiada.

✠ ¿Qué más podemos aprender de este pasaje?

Día 3: Judit, instrumento del Señor (8:1—10:10)

Los primeros versículos del capítulo 8 realizan un significativo cambio en el ritmo de la narración. El drama que se cuenta hasta este momento casi sin tiempo para respirar se detiene y la atención del lector se vuelve a una habitante de la ciudad de Betulia, una israelita de nombre Judit. Dichos versículos son un espléndido resumen de la vida de Judit. Como ocurre respecto a otros personajes bíblicos, también Judit es introducida con una amplia genealogía. Las genealogías bíblicas tienen en su mayoría un carácter teológico. En el caso de nuestra heroína, esta parece servir más que otra cosa para reafirmar, conforme a los cánones del período post-exílico, su plena pertenencia al pueblo escogido. Aunque muchos de los nombres que aparecen en la lista son bíblicos o variantes de nombres bíblicos, uno tiene la impresión de captar una fina ironía al leer la ficticia genealogía de Judit, como si el autor de hecho se estuviera burlando de aquella "moda" post-exílica. A continuación el tono adquiere cierta solemnidad y Judit es presentada como una viuda, lo cual junto con los huérfanos es una condición de vulnerabilidad en el Antiguo Testamento. Su marido, de su misma tribu, había muerto durante una recolección de cebada. Desde que quedó viuda, Judit vivió una vida recatada en su casa, en espíritu de oración, penitencia y ayuno (excepto en la fiestas y celebraciones de su pueblo). A pesar de ser muy bella y atractiva, rica en oro, plata y ganado, Judit era sobre todo temerosa de Dios y no había nada en su comportamiento que pudiera dar pie a alguna sospecha maliciosa.

Y la historia retoma su curso. Judit toma conocimiento de las palabras del pueblo a Ozías y de las palabras de este al pueblo. Judit reprende a Ozías y a los líderes del pueblo por dicho pronunciamiento. Sus palabras hacen ver su honda piedad hacia Dios y los versículos que siguen son una hermosa confesión de fe bíblica, con expresiones que recuerdan a las del profeta Isaías (cf. Is 40). El plazo de cinco días le parece que es tentar a Dios. A nadie le es dado conocer los juicios de Dios, menos imponer condiciones a sus planes. Judit les recuerda que no tenían nada que temer pues no se habían entregado a la idolatría como sus antepasados, por lo cual podían esperar confiados la ayuda de Dios.

Judit argumenta que si Betulia es conquistada, cae toda Judea, Jerusalén y el Templo; habrá muerte, deportación, sufrimientos. Les recuerda que Dios no les estaba castigando con aquella situación y peligro, sino probando como lo hizo con sus padres, los patriarcas. Ozías entonces tomando la palabra le da la razón a Judit. Judit, por su parte, anuncia que saldrá de Betulia aquella misma noche, asegurando que antes de que se cumplan los cinco días, el Señor habrá salido en defensa de su pueblo.

Judit entonces dirige al Señor una larga súplica, en la misma hora en que se ofrecía en Jerusalén la ofrenda de la tarde (cf. 9:1). Dicha oración, toda ella inspirada en motivos contenidos ya en el Pentateuco, los Profetas y los Salmos, es una pieza clave en el relato con la que el autor interpreta el sentido de la acción que su protagonista está por realizar. Sus primeros versículos (2-4) se hacen eco del episodio de la venganza del patriarca Simeón, hijo de Jacob, antepasado de la tribu de Judit, por la violación de su hermana Dina (cf. Gn 34:1-31). A continuación, Judit habla de la altivez de los asirios que ponen su seguridad en sus caballos, carros, tropas y armas. No tienen en cuenta que el Señor no necesita un ejército. Ellos tienen la intención de destruir el Templo y profanar el altar; Judit pide al Señor que los detenga en su soberbia, que le conceda fuerzas para hacerse instrumento de la salvación de su pueblo, que humille su soberbia derrotándoles por manos de una mujer: Dios que es el "Dios de los humildes, el defensor de los pequeños, apoyo de los débiles, refugio de los desvalidos, salvador de los desesperados" (cf. Jdt 9:11-14).

La oración del capítulo 9 frena una vez más el ritmo de la narración, el cual retoma su paso desde los primeros versículos del capítulo 10. Apenas terminada su oración (10:1), Judit llama a su criada, quien le ayuda a prepararse para su actuación y quien le acompañará durante el periodo en que se encuentre fuera de Betulia. Judit se baña, perfuma, depone sus vestidos de viuda y los cambia por ropa de fiesta, arregla su pelo, se pone sus joyas y se calza sandalias en los pies. A continuación prepara una serie de víveres: vino, óleo, harina de cebada, unas tortas de higo y pan. Los envuelve y los entrega a la muchacha que le ayuda para que se los cargue.

Judit y su sirvienta caminan entonces hasta el portón de Betulia, donde encuentran a Ozías y a los ancianos. Al ver a Judit, anota el autor, todos quedaron admirados de su belleza y elevaron una súplica al Dios de sus padres, a que le concediera llevar a cabo sus designios, "¡para gloria de los hijos de Israel y exaltación de Jerusalén!" (10:8). Al oír esto, "Judit adoró a Dios" (cf. 10:9) y pidió que le fueran abiertos los portones. Judit y su criada entonces pasaron por entre ellos, quienes las acompañaron con la mirada, hasta que las perdieron de vista.

Lectio divina

Pasa de 8 a 10 minutos en contemplación silenciosa del siguiente pasaje:

Judit es un ejemplo de una persona que confía en Dios hasta el punto de estar dispuesta a dar la propia vida por el Señor si es necesario. Lo que preocupa a Judit no es la salvación de su vida, sino la protección del Templo de Dios y del nombre del Señor. A lo largo de la historia, hombres y mujeres valerosos han afrontado incluso la muerte por su servicio a los pobres, su amor a Dios o su adhesión al mensaje de Jesús. "Nadie tiene mayor amor que el que da su vida por sus amigos", enseñó Jesús con sus palabras y con su ejemplo (cf. Jn 15:13).

✠ ¿Qué más podemos aprender de este pasaje?

Día 4: Judit baja al campamento asirio (10:11—13:20)

Apenas Judit y su criada habían caminado cierta distancia en el valle, una patrulla de los asirios las detuvo y les preguntó de qué pueblo eran, de dónde venían y hacia dónde se dirigían. Judit respondió que era una mujer hebrea, huyendo de su pueblo, pues estaba por ser saqueado por su ejército. Y añadió que venía a ver a Holofernes para mostrarle un camino que le permitiría adueñarse de la montaña sin que corriera riesgo ninguno de sus soldados. La belleza de Judit los conquistó y un pelotón de cien soldados la escoltó hasta la tienda del temido general.

La noticia de su llegada al campamento causó revuelo y una gran muchedumbre se le acercó mientras esperaba fuera de la tienda de Holofernes. Este quedó también impresionado por la belleza de Judit, manifestando incluso más odio hacia los israelitas. Por medio de una fina ironía, el autor juega con la reacción y expresiones de los asirios, y lo que está por suceder. El engaño no proviene de un israelita, sino de una *mujer* israelita.

Se presenta entonces la escolta privada de Holofernes, la cual conduce a Judit hacia el interior de la tienda del general. Este se encontraba descansando sobre un suntuoso lecho bajo tapices de purpura, oro y piedras preciosas. Una vez más la belleza de Judit conquista a los presentes. Judit entonces se postra delante del general, pero sus siervos la levantan.

El capítulo 11 se abre con las palabras de ánimo dirigidas a Judit por parte de Holofernes. Ningún mal podría venir sobre alguien que quiere servir a Nabucodonosor, rey de la tierra. Pero, a la luz lo narrado en 3:2-8, la afirmación de Holofernes suena bastante irónica. El general añade además que no habría levantado la espada contra el pueblo de Judit si ellos no lo hubiesen insultado. Y asegurándole que no corre peligro en el campamento (otra ironía), le pregunta por qué había huido de su pueblo y había venido hasta ellos.

Judit entonces le dirige a Holofernes un amplio discurso. Empieza con palabras cargadas de ironía y hasta sarcasmo respecto al emperador y su poder, incluso sobre los animales salvajes y las aves del cielo. A continuación ensalza al general, por su habilidad y sabiduría, y añade que lo que le había dicho Ajior era cierto. Efectivamente, Israel no puede apoyarse en su fuerza armada, sino más bien en la protección de su Dios. Sin embargo, dada la estrechez por la que pasa el pueblo, los israelitas están pensando en aliviar su hambre con carne de animales prohibidos por la Ley y además tienen intención de tomar del grano, vino y aceite consagrados a Dios en Jerusalén, previo permiso de los sacerdotes. Si el pueblo cede a estas tentaciones, quedará sin la protección de Dios y será presa fácil en manos del general y de su ejército.

Judit asegura que fue precisamente esto lo que la llevó a abandonar a su pueblo, considerando que al obrar así Dios dejaría de protegerlo. Declara que Dios le había enviado a él para realizar una hazaña que asombraría a todas las naciones. El general interpreta las palabras de Judit como si estas se refirieran a la ayuda que ella iba a darle para conquistar a los israelitas, cuando en realidad lo que está diciendo es que la muerte del general por su mano será la hazaña que a todos asombrará. Judit concluye sus palabras diciendo que es una mujer temerosa de Dios al cual sirve de día y de noche. Afirma que Dios le revelará el momento en que su pueblo haya cometido el pecado cediendo al hambre y que en ese momento ella se lo comunicará a Holofernes para que este ataque a los israelitas y consiga la victoria. Y añade: "Yo te guiaré por medio de Judea hasta llegar a Jerusalén y haré que te asientes en medio de ella" (11:19). El lector entenderá esta afirmación al final de la historia.

Holofernes y todos sus servidores se maravillaron de la sabiduría de Judit, ignorando que más bien era ella quien iba a conquistarlos a ellos. Deslumbrado por su belleza, el general afirma que si todo lo que le ha dicho es cierto, el Dios de Judit sería su Dios. En realidad su muerte revelará el poder de Dios sobre él.

El general ordena entonces que Judit coma en su misma mesa (12:1). Judit dice no poder hacerlo para estar en paz con Dios y que debe comer de los alimentos que trajo consigo. Durante tres días, escoltada, Judit bajó hasta las fuentes cercanas a Betulia y, purificada, dirigía ardientes súplicas a Dios para que la ayudara a llevar a buen fin sus planes. Permanecía en su tienda hasta que le traían su comida de la tarde.

Al cuarto día, Holofernes ofreció un gran banquete a sus criados. Ordenó entonces a Bagoas, el eunuco encargado de sus asuntos personales, que intentase persuadir a Judit de comer y beber a su mesa. Sería una vergüenza para ellos haber tenido cerca una mujer tan bella y no haberse entretenido con ella. Judit acepta la invitación. Se engalana con sus vestidos y ornatos y va con su sierva a la presencia del general, quien la intenta seducir. Judit le anima a beber y su criada le sirve de la comida que había traído.

En el capítulo 13, habiendo salido todos los sirvientes de Holofernes, Judit se queda a solas con el general, quien está dormido a por el exceso de vino. Entonces Judit pide a su criada que la espere fuera de la tienda. Una vez a solas con Holofernes, reza a Dios para que le dé fuerzas y, tomando la misma espada del general, le corta la cabeza. Sale de la tienda con la cabeza enrollada en paños y se la entrega a su criada para que la ponga en el canasto de las provisiones. Después se fueron a hacer oración como de costumbre. Habiendo cruzado el campamento asirio, llegaron hasta las cercanías de Betulia. Judit entonces grita a los guardias para que le abran los portones, diciendo que el Señor estaba con ellos y que había mostrado su poder contra sus enemigos.

Todo el pueblo se reúne en torno a la heroína, sorprendidos con su retorno. Judit entonces, sacando de su alforja la cabeza de Holofernes, la enseña al pueblo diciendo que el Señor ha herido al jefe de sus enemigos por manos de una mujer, sin que este hubiese cometido con ella algún pecado que la manchase o deshonrase. El pueblo entonces adoró a Dios, Ozías elevó una alabanza a Judit, la cual había sido instrumento de Yahvé para salvar a su pueblo.

Lectio divina

Pasa de 8 a 10 minutos en contemplación silenciosa del siguiente pasaje:

Un soldado enemigo que había divulgado información secreta a una espía, fue arrestado y sentenciado a muerte. Antes de morir, un periodista le preguntó por qué había entregado la información a la joven, a lo que él respondió: "Simplemente perdí mi cabeza por causa de ella". Holofernes literalmente pierde la cabeza por Judit. Su corazón se agitó y su alma se estremeció a causa de su belleza (cf. 12:16); y esto lo llevó a que bebiera vino "tan copiosamente como jamás lo había hecho en toda su vida" (Jdt 12:20). Pero el cazador resultó cazado. Es importante valorar la gesta de Judit en su contexto, para entender adecuadamente el mensaje que el autor sagrado quiere transmitir. El relato está calcado sobre la figura de héroes del Antiguo Testamento, a los que tales acciones elevaron al rango de personajes de la historia nacional. La historia de Judit evoca la de Débora, Barac y Yael (cf. Jue 4).

Las palabras de Ozías (cf. Jdt 13:18) se hacen eco de las de Débora (cf. Jue 5:24-26). Su gesto y motivaciones recuerdan también los de David contra Goliat (cf. 1 Sam 17 45-51). La historia de Judit recuerda al fiel israelita las gestas antiguas y con ellas reaviva la fe que las motivó y la decisión de confiar en el Señor.

✠ ¿Qué más podemos aprender de este pasaje?

Día 5: Victoria y acción de gracias (14—16)

Judit ordena al pueblo que cuelgue la cabeza de Holofernes en la muralla de la ciudad y que, al amanecer, un ejército del pueblo se desplace como si fuera a atacar. Los asirios se agitarán, buscarán a su general y al verlo muerto, huirán. Entonces es cuando el ejército saldrá en su persecución y los abatirá en retirada. Pero antes pide que venga Ajior a su presencia y vea con sus propios ojos "al que despreciaba a la casa de Israel" (14:5). Ajior se desvanece. Al reanimarse, habiendo oído junto con todo el pueblo el relato de la hazaña de Judit y visto "todo cuanto había hecho el Dios de Israel" (14:10), se hizo circuncidar, haciéndose uno del Pueblo escogido. Los soldados proceden como había dicho Judit y todo sucede como había sido previsto. El capítulo termina con el alarido y la confusión en el campamento asirio, por la vergüenza que este hecho había traído a la casa de Nabucodonosor (cf. 14:18).

El capítulo 15 narra el proceso final de la victoria israelita. El ejército asirio abandona su campamento y parte en desbandada. Al ejército de Betulia se suman otros israelitas y los amonitas. Persiguen y exterminan a muchos del ejército asirio. Los demás habitantes de Betulia bajan al campamento abandonado de los asirios y recogen un botín abundante.

El Sumo Sacerdote Joaquín, con el consejo de ancianos y de los habitantes de Jerusalén, viene a saludar a Judit y le dedica hermosas palabras de alabanza (15:9-10). A Judit se le dio plata y mobiliario de la tienda de Holofernes. Mientras venía con su mula, acompañada de jóvenes y mujeres de Israel y un gran cortejo del pueblo, Judit entona un himno de alabanza y acción de gracias a Dios (Jdt 16:1-17). Al llegar a Jerusalén, adoraron a Dios y habiéndose purificado el pueblo, ofrecieron sacrificios y ofrendas en el Templo. Judit, por su parte, consagró "todo el mobiliario de Holofernes, que el pueblo le había concedido, y entregó a Dios en anatema las colgaduras que ella misma había tomado del dormitorio de Holofernes" (16:19). Durante tres meses el pueblo estuvo festejando en Jerusalén.

De regreso en Betulia, Judit terminó sus años como los había vivido hasta entonces. A su sierva le concedió libertad. Al morir, fue sepultada junto a su esposo Manasés. El pueblo lloró la muerte de Judit durante siete días. Antes de morir, Judit repartió su hacienda entre sus parientes.

Lectio divina

Pasa de 8 a 10 minutos en contemplación silenciosa del siguiente pasaje:

Judit recibió todo el reconocimiento por la gesta que realizó en favor de su pueblo, Israel. Por esta se tornó ampliamente conocida y fue muy alabada. Su fe, sin embargo, la hizo permanecer humilde. Toda la alabanza que recibió, la devolvió al Señor en reconocimiento y conforme a su piedad. Hermosa lección para nosotros que tendemos a apropiarnos los dones de Dios como si nos los hubiéramos dado nosotros a nosotros mismos. Por eso san Pablo dirá con razón: "Pues ¿quién es el que te prefiere? ¿Qué tienes que no lo hayas recibido? Y si lo has recibido, ¿a qué gloriarte cual si no lo hubieras recibido? (1 Cor 4:7)

✠ ¿Qué más podemos aprender de este pasaje?

Preguntas de repaso

1. Considerando las dos grandes partes del libro (Jdt 1-7; 8-16), ¿qué temas propone el autor a la reflexión del lector en cada una de ellas?
2. ¿Cómo sigue manifestando Judit su fidelidad a Dios durante su permanencia en el campamento asirio? ¿Qué lección podemos sacar de ello?
3. ¿Quién fue Ajior y cuál fue su papel en la historia?
4. ¿Qué enseña el cantico final de Judit sobre la acción de Dios en la historia?

El libro de Ester

ESTER 1-10

Así, estos días de los Purim, conmemorados y celebrados de generación en generación, en todas las familias, en todas las provincias y en todas las ciudades, no desaparecerán de entre los judíos, ni su recuerdo se perderá entre sus descendientes (Est 9:28).

Oración inicial (ver página 14)

Contexto

Parte 1: Ester 1-2 La historia narrada en el libro de Ester está ambientada en tiempos del emperador persa Asuero (nombre ficticio que al parecer hace referencia al rey Jerjes I de Persia, el cual reinó de 485 a 464 a.C.). El libro, originariamente escrito en hebreo, en su traducción griega presenta algunas adiciones que fueron acogidas por la Iglesia como canónicas. Dichas adiciones aparecen indicadas en la Biblia de Jerusalén con las letras del alfabeto y así las indicaremos también en nuestro estudio. Así, por ejemplo, Est 1:1m, indica el versículo "m" de la adición griega del capítulo 1 del libro de Ester. El texto hebreo no hace mención de Dios, mientras las adiciones griegas mencionan a Dios o al Señor más de cincuenta veces. Algunas veces el traductor griego insirió el nombre de Dios en partes del texto hebreo.

Los capítulos iniciales del libro presenta a un judío de nombre Mardoqueo, el cual tiene un confuso sueño, que no será interpretado sino hasta el final del libro. Mardoqueo había sido favorecido por el rey al haberle puesto en guardia contra un complot de asesinato contra él. Asuero ofrece un banquete a los magnates de su reino y manda llamar a la reina Vastí. Esta se rehúsa a venir, por lo cual es rechazada como reina y Ester, sobrina de Mardoqueo, es escogida como reina en su lugar.

Parte 2: Ester 3-10 La historia de estos capítulos se coloca antes de que Mardoqueo alcanzara el favor del rey. Amán, el segundo en el reino, busca destruir a Mardoqueo y a todos los judíos. Su odio había nacido por el hecho de que Mardoqueo se había negado a rendirle honores postrándose ante él. Con la ayuda de Ester, Mardoqueo consigue vencer a Amán y salvar a los judíos del exterminio. Los judíos celebran dicha salvación del pueblo narrada en el libro de Ester cada año con la Fiesta de Purim.

PARTE 1: ESTUDIO EN GRUPO (ESTER 1 – 2)

Leer en voz alta Ester 1-2.

1:1a-r Prólogo - El sueño de Mardoqueo

Ester 1:1a-r es la primera gran adición de la traducción griega de la historia (ausente en el texto hebreo de Est). La sección presenta al lector la figura del judío Mardoqueo. Esta consta de dos partes: la primera (vv. a-l) relata un extraño sueño que tuvo Mardoqueo; y la segunda, el descubrimiento y denuncia de un complot de asesinato contra Asuero de parte de dos de sus eunucos. Esto llevó a que fuera promovido dentro de la corte.

El libro se abre con una referencia temporal, es decir, el segundo año del reinado de Asuero (Jerjes), el primer día del mes de Nisán. La fecha se referiría al mes de marzo del año 483 a.C. En esta fecha Mardoqueo tiene su sueño. El nombre Mardoqueo parece relacionarse con el nombre acadio Marduk, nombre de la principal divinidad del panteón babilonio. Sin embargo, el autor inmediatamente presenta sus "credenciales" como auténtico israelita, por medio de una breve genealogía que lo relaciona con la tribu de Benjamín, esto es, la tribu del rey Saúl (cf. 1 Sam 9:1-2).

Mardoqueo era un judío que servía en la corte del rey y que había sido exiliado por el rey Nabucodonosor en la deportación que desterró de Jerusalén al rey Jeconías (587 a.C.). En 2 Reyes, Jeconías es mencionado como Joaquín, al cual el rey de Babilonia mandó al exilio junto con su familia y corte (cf. 2 Re 24:15). La referencia temporal, sin embargo, lo haría un individuo con una edad mayor a los cien años, lo cual es inverosímil. Como sucedía en los anteriores relatos del mismo bloque, dado que se trata de una historia ficticia, las referencias temporales sirven más que otra cosa para ofrecer un marco histórico-cultural en el que ambientar la narración.

El sueño de Mardoqueo es referido en términos que recuerdan a la literatura apocalíptica. En medio de voces, ruidos estrepitosos, truenos y terremotos, dos dragones gigantes avanzan listos para el combate. A su voz los pueblos paganos se unen para atacar al "pueblo de los justos" (el Pueblo elegido). Es un día de terror, tinieblas y angustia. A la súplica del pueblo, de una pequeña fuente nace un gran río, aparece el sol y la luz, los humildes se alzan y devoran a los soberbios. Al despertar, Mardoqueo intenta durante todo el día interpretar el extraño sueño. Su interpretación sin embargo será dada solamente al final del libro.

A continuación el autor refiere que Mardoqueo vivía junto con dos eunucos del rey, uno llamado Bigtán y otro, Teres. Cierto día, los escucha complotando la muerte del rey Asuero. Mardoqueo los denuncia, son interrogados y, habiendo confesado sus planes, son ajusticiados. Como recompensa por su acción, Mardoqueo es promovido al servicio en el palacio real. El relato introductorio termina con una breve presentación de Amán, quien es un alto funcionario real que busca la ruina de Mardoqueo y su pueblo, en venganza por la muerte de los eunucos.

1-2 Elección de una nueva reina

El capítulo 1 del texto hebreo comienza con el episodio del rechazo de la reina Vastí y la elección de Ester como nueva reina en su lugar. Asuero es presentado como un poderoso rey persa, que reinaba desde la ciudadela de Susa sobre ciento veintisiete provincias, de la India hasta Etiopía (ciertamente una exageración, pues Jerjes reinó sobre no más de treinta). En el tercer año de su reinado, el rey dio un gran banquete que duró ciento ochenta días, durante el cual Asuero enseñó a sus ilustres invitados, medos y persas, nobles y gobernadores de las provincias, la riqueza y gloria de su reino. El autor refiere la pompa de los vestidos y ajuar reales, compuesta de piezas de lino y púrpura, camas de oro y plata sobre pisos de mármol blanco, copas de oro, etc. "El vino ofrecido por el rey corría con regia abundancia" (1:7); pero la reina no se encontraba en el banquete, sino que realizaba uno paralelo para las mujeres del palacio.

Al séptimo día, cuando el rey se encontraba ya borracho, envió a siete de sus eunucos para que trajeran a la reina Vastí a su presencia, portando la corona real. Quería mostrar su belleza a sus invitados y oficiales. Cuando Vastí se rehusó venir, el rey montó en cólera y después de haber hablado con los sabios del palacio y siete oficiales medos y persas que lo servían personalmente sobre qué hacer en esta situación, le fue aconsejado que prohibiera a Vastí presentarse nuevamente ante él y que la privara del título real. Su actitud tenía tintes de rebelión y, si no era castigada, podía ser un mal ejemplo para las demás mujeres. El consejo agradó al rey, quien mandó publicar un decreto real en aquellos términos, en las diversas lenguas de su imperio, "para que todo marido fuese señor de su casa" (1:22).

El capítulo 2 trata de la elección de una nueva reina de entre las jóvenes vírgenes y bellas que serían traídas al harem real de todas las provincias del imperio. Es en el contexto de esta elección, que el autor presenta a Mardoqueo y con él a Ester. El lector toma de nuevo conocimiento del linaje de Mardoqueo y el origen de su presencia en Babilonia. Este tenía en su casa a una joven de nombre Hadasá o bien Ester. La muchacha era prima suya, pero había quedado huérfana de padre y madre. Mardoqueo la había adoptado como hija.

Ester era muy hermosa y atractiva, y también fue traída al palacio real. De inmediato ganó el favor del eunuco Hegué, encargado del harem, quien desde entonces se encargó de atenderla de manera especial. Ester, según lo que le había ordenado Mardoqueo, no debía revelar ni su pueblo ni su origen. Mardoqueo pasaba diariamente por el harem para saludar a Ester y ver cómo se encontraba. Durante doce meses, las jóvenes por turnos eran presentadas al rey. Ester le agradó a Asuero más que todas las demás jóvenes y Asuero la coronó como reina en lugar de Vastí. El rey honró a Ester con una gran fiesta, concedió un día de descanso en todas las provincias y distribuyó generosos dones.

Ester siguió sin revelar su familia y nacionalidad. A continuación el texto refiere el episodio del complot e informa que fue por medio de Ester, pero de parte de Mardoqueo, que el rey tuvo conocimiento de la amenaza. Todo el proceso fue escrito en los anales reales, en presencia del rey.

Preguntas de repaso

1. ¿A qué tipo de literatura bíblica evoca el sueño de Mardoqueo?
2. ¿De qué manera hace ver el autor la grandeza del imperio del rey Asuero?
3. ¿De qué modo Ester se convirtió en reina?

Oración final (ver página 15)

Hacer la oración final ahora o después de la *Lectio divina*

Lectio divina (ver página 8)

Relájate y mantén una postura de oración (espalda recta, ojos cerrados, pies apoyados en el suelo). Este ejercicio puede durar cuanto gustes, pero en el contexto de este estudio bíblico, de 10 a 20 minutos deberían ser suficientes.

Las meditaciones que siguen se ofrecen para ayudar a los participantes a usar esta forma de oración, pero hay que considerar que la *Lectio* está pensada para conducirlos a un ambiente de contemplación orante, donde la Palabra de Dios habla al corazón de quien la escucha (ve la página 8 para más instrucciones).

La elección de la reina Ester (1-2)

Huérfana de padre y madre, Ester es parte de un grupo que en el Antiguo Testamento es considerado como uno de los más frágiles. Su gran belleza conquista al eunuco jefe del harem y sobre todo al rey Asuero, quien la escoge como reina. Ester todavía no se imagina que detrás de su elección había un proyecto de salvación de Dios. A lo largo de la historia de la salvación, las grandes gestas salvíficas de Dios se dan a través de personas frágiles. "Ha escogido Dios más bien a los locos del mundo para confundir a los sabios", dirá san Pablo (cf. 1 Cor 1:27). Los misteriosos designios de salvación de Dios en la mayor parte de los casos pasan desapercibidos a los ojos humanos, dichos designios se esconden detrás de acontecimientos e historias, tanto individuales como colectivas.

✠ ¿Qué más podemos aprender de este pasaje?

PARTE 2: ESTUDIO INDIVIDUAL (EST 3-10)

Día 1: Mardoqueo y Amán (3 – 4:17)

El rey Asuero elevó a uno de sus oficiales de nombre Amán a un alto rango, ordenando que todos sus siervos que trabajaban junto a la puerta real se postraran ante él y lo reverenciaran. Mardoqueo, sin embargo, se rehusaba a hacerlo. Los demás servidores le preguntaban que por qué no cumplía la orden real. Como Mardoqueo persistía en su actitud, se lo dijeron a Amán. Amán, al saber que además era judío, decide exterminar a Mardoqueo y a todo su pueblo.

Llegado el momento, Amán informa al rey que existe un pueblo que vive al margen de los demás dentro de su reino; sus leyes son diversas de las de ellos y se rehúsan a obedecer los decretos reales. Amán cargaba las tintas en su informe, dominado por su soberbia y enojo contra Mardoqueo. El resultado del reporte fue conseguir que el rey autorizase un decreto de exterminio del pueblo judío en todas sus provincias. El rey le entregó el sigilo real a Amán, dándole así plenos poderes para proceder como mejor le pareciera. Con tal poder en su mano, Amán mandó redactar un decreto dirigido a todos los sátrapas del reino ordenando la aniquilación, en un determinado día, de todos los judíos que se encontraran en los límites del imperio: niños, ancianos, hombres y mujeres. Este fue sellado con el sigilo real y enviado a todos los gobernadores de las provincias.

En 3:13 se inserte otra larga adición del texto griego, que refiere el contenido del decreto real (vv. a-g). En el mismo, Amán es enaltecido, su denuncia es mencionada en los términos que presentó al rey y la orden de exterminio es anunciada para el día catorce del mes de Adar, "sin ninguna compasión ni miramiento" (v. f) para que se pueda gozar en los días futuros de perpetua paz y seguridad (cf. v. g). El capítulo tercero concluye diciendo que el decreto también fue publicado en la ciudadela de Susa y que mientras el rey y Amán banqueteaban, la consternación reinaba en la ciudad.

Lectio divina

Pasa de 8 a 10 minutos en contemplación silenciosa del siguiente pasaje:

A lo largo de su historia el pueblo judío, así como muchos otros pueblos, ha tenido que sufrir persecución y rechazo. Infelizmente el prejuicio y el racismo han llevado a las naciones a tomar terribles decisiones contra aquellos que eran diferentes. El episodio del decreto de Amán es un ejemplo de abuso de poder y de manipulación de la información, nos muestra los nefastos efectos de la soberbia y de la ira. El episodio enseña que la distorsión de la verdad y las venganzas personales pueden llevar a grandes injusticias.

✠ ¿Qué más podemos aprender de este pasaje?

Día 2: Ester y Mardoqueo piden a Dios ayuda (4:17a-z - 6)

Al tener conocimiento del decreto de Amán, Mardoqueo rasgó sus vestiduras, se vistió de saco y cenizas, y caminó por la ciudad con grandes gemidos hasta la puerta real (nadie podía traspasarla vestido de esa manera). En todas las provincias a donde llegó el decreto de exterminio, hubo grandes lamentos, ayunos, llanto y lamentaciones.

Al saber la reina Ester, por sus eunucos y criadas, del llanto de Mardoqueo, le envió ropas limpias, pero él las rechazó. Ester entonces llamó a Hatac, uno de los eunucos que el rey había puesto a su servicio y lo envió a hablar con Mardoqueo para investigar la causa de la angustia de este. Mardoqueo le informó del decreto de exterminio que Amán había publicado en nombre del rey y de la suma de dinero que había prometido traer al tesoro real por la muerte de los judíos. Incluso le hizo llegar una copia del decreto real pidiéndole que se presentara ante el rey y suplicara por su pueblo. Ester renvió a Hatac a Mardoqueo explicando su situación: ya hacía treinta días que el rey no la llamaba a su presencia, recordándole la conocida pena de muerte por edicto real a quien se introdujera en el recinto del rey sin su permiso (salvo aquel sobre quien el rey extendiera su cetro de oro). Mardoqueo recibió el mensaje de Ester y le respondió que no pensase que por estar en el palacio del rey, siendo judía, escaparía a la muerte. Y añade: "¡Quién sabe si precisamente has llegado a ser reina para una ocasión semejante!" (4:14).

Ester entonces manda decir a Mardoqueo que vaya y reúna a todos los judíos que están en Susa y que ayunen durante tres días por ella. Sus siervas y ella harían lo mismo. Aun contra la ley, ella intentaría presentarse ante el rey, añadiendo: "si tengo que morir, moriré" (4:16). Mardoqueo entonces hizo como Ester le había dicho.

En este momento de la historia se insiere un amplio número de versículos en la traducción griega. Estos versículos contienen dos hermosas oraciones de liberación, una de Mardoqueo y otra de la reina Ester. La oración de Mardoqueo (4:17a-i) empieza dirigiéndose al Señor como rey y soberano todopoderoso, creador de todo y omnipresente. A continuación esclarece la razón de su no sometimiento a Amán: no por soberbia u orgullo, sino para no rendir a un hombre la gloria y honor que se deben solo a Dios. Y luego, dirigiéndose al Señor como Dios de Abrahán, quien había salvado a su pueblo de Egipto, le suplica que escuche su oración, que perdone a su pueblo amenazado de exterminio y que convierta su duelo en alegría, para que viviendo canten a su Nombre.

La reina Ester, por su parte, llena de angustia, se despoja de sus ornamentos reales, cubre su cabeza con polvo y ceniza, humillándose ante el Señor y suplicando su ayuda y clemencia (4:17l-z). Solo el Señor es rey. Le pide que venga en su ayuda en este momento en que su vida está en sus manos. Recuerda lo que había oído sobre el Señor desde que era niña y de cómo había elegido a Israel como su pueblo y heredad por siempre. Pide perdón por los pecados pasados de su pueblo, por los cuales había sido exiliado. Recuerda su humillación, la destrucción del Templo y del altar. Pide al Señor que venga en auxilio de su heredad en aquel momento de aflicción; que le conceda las palabras adecuadas cuando se encuentre en presencia del "león" (el rey) para que vuelva el odio de su corazón hacia aquel que los combate; que acuda en su auxilio, pues está sola. A continuación refiere sus esfuerzos de fidelidad a Dios viviendo en un ambiente pagano, pide que los libre del poder de los malvados y que la libre de su temor a presentarse ante el rey.

La primera parte del capítulo 5 (1a-f) narra la visita de Ester al rey Asuero. Al tercer día, Ester se quitó su vestido de orante y se puso su ajuar de Reina. Se llevó consigo a dos de sus siervas: en una se apoyaba y la otra cargaba el borde de su vestido. "Iba resplandeciente, en el apogeo de su belleza; con rostro alegre como de enamorada, aunque su corazón estaba oprimido por la angustia"

(5:1b). Al llegar a la presencia del rey, este se encontraba con sus vestiduras de ceremonias públicas, cubierto de oro y piedras preciosas. Levantando el rostro, "resplandeciente de gloria, lanzó una mirada tan colmada de ira que la reina desvaneció" (5:1d). Pero Dios mudo su corazón, anota el autor. El rey, angustiado, bajó de su trono, tomó a la reina en sus brazos, mientras le preguntaba dulcemente qué había pasado. Tomando su cetro de oro, lo puso sobre el cuello de Ester y la besó. Ester justificó su desmayo diciendo que la había impresionado la gloria del rey. Este le volvió a preguntar qué sucedía y le prometió incluso la mitad de su reino. Ester le pidió que asistiera al día siguiente al banquete que ella iba a ofrecer y que viniera acompañado de Amán. El rey accedió y dio órdenes para que se le avisara inmediatamente a Amán de la cita, de forma que se cumpliera el deseo de la reina Ester.

Asuero y Amán se presentan al banquete de Ester y el rey le pregunta por su deseo. Ester le pide que venga de nuevo al banquete del día siguiente junto con Amán y entonces se lo dirá. Salió Amán muy contento de haber sido invitado, pero al pasar por la puerta real, vio a Mardoqueo que no le dirigía ningún gesto de reverencia. Esto enojó mucho a Amán quien, al llegar a su casa, contó lo sucedido a su espolsa Zeres y a sus amigos. También se glorió del puesto tan alto que ocupaba en el imperio, de que la reina lo había invitado a un banquete junto con el rey y manifestó una vez más su ira contra Mardoqueo. Su esposa y sus amigos le sugirieron que preparara una horca y que pidiese al rey que colgara de ella al judío. Así lo hizo.

El capítulo 6 sigue narrando cómo va cambiando la suerte de los judíos. El ayuno y las oraciones del Mardoqueo, de la reina Ester y del pueblo, alcanzaron misericordia. Ester recibió la fuerza para presentarse ante el rey sin haber sido llamada, a pesar de tener el corazón deshecho. El corazón del rey se volvió benevolente hacia a ella. Ahora es Mardoqueo quien recibe el beneficio real: el rey no logra conciliar el sueño aquella noche y pide que lean parte de las crónicas del reino. Le es leído el pasaje en el cual se narra cómo Mardoqueo había revelado el complot contra él y el rey pregunta qué favor se le había concedido como recompensa por ello. Le dicen que nada. En ese exacto momento venía Amán a pedir al rey que mandara colgar a Mardoqueo en la horca que había preparado. Amán no puede presentar su petición, pues Asuero le ordena que dé un paseo a caballo por la plaza principal, vestido de gala, con una diadema real sobre su cabeza, nada menos que a Mardoqueo. Era un gesto de reconocimiento por su fidelidad. Amán debía gritar además, mientras daba el paseo: "¡Así se trata al hombre a quien el rey quiere honrar!" (6:11). Después volvió a su casa y comenzó a contar a su esposa y amigos lo sucedido. Aún no terminaba, cuando se presentaron los eunucos del Rey para llevarlo al banquete de la reina Ester.

Lectio divina

Pasa de 8 a 10 minutos en contemplación silenciosa del siguiente pasaje:

La intercesión de la reina Ester ante Asuero en favor del pueblo escogido fue vista por la tradición de la Iglesia como una prefiguración de la intercesión de María en favor de la humanidad. Ester forma parte de la categoría bíblica de los pequeños y humildes a los que Dios eleva y exalta; ellos son los que tienen sus ojos siempre fijos en el Señor (Sal 25:15; 123:2; Tob 3:12) y sobre ellos se posa la mirada de Dios (cf. Is 62:2; Zac 2:12; Sal 34:16). María también pertenece a esta categoría. El cántico de María en Lc 1:46-55 ilumina nuestra reflexión sobre el libro de Ester y viceversa.

✠ ¿Qué más podemos aprender de este pasaje?

Día 3: La ruina de Amán (7—8:2)

En la breve sección que sigue, la historia alcanza su clímax con el castigo del ambicioso Amán. El breve episodio del capítulo 7 contiene una gran cantidad de hechos, que se suceden unos a otros hasta los primeros versículos del capítulo 8. La narración es intensa, casi precipitada.

El rey Asuero y Amán asisten al segundo banquete preparado por Ester. Durante el mismo, el rey vuelve a preguntar a la reina cuál era su petición y de nuevo le asegura que, aunque fuera la mitad de su reino, se lo concedería. Ester le pide entonces que perdone su vida y la de su pueblo, dado que ha sido decretada su completa aniquilación. Asuero entonces le pregunta que quién es y dónde se encuentra el hombre que ha ordenado semejante cosa. Ester le responde que había sido Amán. Lleno de ira, el rey se levantó y fue al jardín del palacio. Mientras tanto Amán se acerca a Ester y le suplica por su vida. En ese preciso momento, el rey vuelve a la sala y, al ver a Amán inclinado sobre el diván de Ester, cree que este quiere hacer violencia sobre la reina y manda que le cubran la cabeza y lo cuelguen. Y, precisamente en la horca que Amán había preparado para Mardoqueo, es colgado.

Asuero entrega a Ester la hacienda de Amán. La reina le revela su relación con Mardoqueo y el rey le entrega el anillo que había mandado quitar a Amán. Ester confió a Mardoqueo la administración de los bienes de Amán (8:1-2).

Lectio divina

Pasa de 8 a 10 minutos en contemplación silenciosa del siguiente pasaje:

Escribe el Salmista: "He visto al malvado arrogante empinarse como cedro del Líbano; pasé luego y ya no estaba, lo busqué y no lo encontré" (37:35-36) y en otro lugar afirma: "Los afanes del malvado fracasan" (Sal 112:10). La historia de Amán muestra de forma plástica la verdad de estas enseñanzas. Dichas certezas nos las trasmite la fe bíblica, aunque por momentos la mirada puramente humana se siente sobrecogida ante el avance del mal. Es un hecho y un misterio la presencia del mal en el mundo y en las personas. Dicha realidad, sin embargo, en vez de asustar al creyente, lo debe impulsar a la oración humilde y confiada, a refugiarse en Dios y a esperar su auxilio poderoso que viene la mayoría de las veces por mediaciones frágiles.

✠ ¿Qué más podemos aprender de este pasaje?

Día 4: Festejo de los judíos y la fiesta de Purim (8:3 – 9)

La historia aún no termina. Los cambios que han tenido lugar en Susa aún deben llegar al resto del imperio. La cuenta atrás para la ejecución del decreto real sigue caminando. Es importante actuar rápido. La situación es todavía delicada.

La siguiente sección del libro comprende tres momentos fundamentales. Ester suplica al rey con lágrimas en los ojos que cancele el documento de exterminio publicado en su nombre por Amán. Asuero entonces le concede la misma autoridad que en su momento había dado al perseguidor: el sigilo real. Ester y Mardoqueo entonces mandan llamar a los escribas y los hacen componer un documento dictado por Mardoqueo. Este tendría forma de decreto real. Ellos contaban con el sigilo del rey. De acuerdo con el derecho en boga de los medos y persas, una ley promulgada no podía ser revocada. Por eso el decreto dice que los judíos tienen derecho a defenderse e incluso a dar muerte a quienes atenten contra ellos o contra sus propiedades. El decreto es enviado inmediatamente a todo el imperio utilizando la caballería real.

Los versículos 12a-v ofrecen una "copia" del decreto de carácter real dictado por Mardoqueo. La primera parte del documento refiere con detalle el caso de Amán y su infeliz desenlace, enfatizando el mal que este pretendía hacer al pueblo judío. A continuación aparece una apología del pueblo judío, el cual se guía por leyes justas, quienes lo componen son hijos del Dios altísimo, el gran Dios vivo y su presencia trae bendición y prosperidad al imperio. Los judíos pueden seguir gobernándose con su propia ley y gozan del derecho a defenderse de cualquier ataque. Finalmente, menciona la institución de una fiesta que debe celebrarse desde aquel momento en adelante para celebrar que se han librado del exterminio y de la muerte. El que ignore el contenido de este decreto será reo de muerte. Los judíos llamaron a esta fiesta, celebrada hasta nuestros días, "Purim".

El capítulo 8 se concluye informando que el decreto llegó a todas las regiones del imperio a tiempo y que "Para los judíos todo fue esplendor, alegría, triunfo y gloria" (8:16). Además de que muchos se hicieron judíos por temor a ellos.

El capítulo 9 se abre diciendo que las órdenes del rey fueron llevadas a cabo el día 13 del mes doce o Adar, es decir, el mismo día marcado por el decreto de Amán para el exterminio de los judíos. El pueblo judío fue apoyado en su defensa por los gobernadores de las provincias. Todos los que intentaron obrar en contra de los judíos fueron muertos. Al día siguiente, el 14 de Adar, los judíos celebraron un día de fiesta y de descanso, alegrándose también el día sucesivo. Mardoqueo ordenó que dicha celebración se diera año tras año con un banquete festivo, intercambio de dones y limosnas a los pobres.

Lectio divina

Pasa de 8 a 10 minutos en contemplación silenciosa del siguiente pasaje:

La vida tiene sus altos y bajos, momentos alegres y momentos de angustia y dificultades. Mardoqueo, Ester y los judíos de la diáspora vivían confortablemente hasta que Amán amenazó su existencia. Entonces tuvieron que pasar por un periodo de dolor. Al final, habiendo suplicado a Dios por ayuda, fueron liberados de su angustia. La historia de Ester dio origen a la fiesta de la liberación que hasta hoy celebran los judíos. La fiesta se llama "Purim". La salvación, la vida plena recuperada es motivo de una gran celebración. Una lectura cristiana del libro de Ester también puede ver en él una prefiguración del misterio pascual de Jesús: del Viernes Santo lleno de sufrimiento y muerte, al Domingo de Resurrección.

✠ ¿Qué más podemos aprender de este pasaje?

Día 5: Epílogo – El elogio de Mardoqueo (10:1-3a-k)

La historia de Ester se concluye de la misma forma que empezó: hablando de Mardoqueo. El capítulo 10 dice que la autoridad y el valor de Mardoqueo (en su resistencia ante Amán) fueron registrados en las crónicas de los reyes de Media y Persia. El judío Mardoqueo, quien buscó el bien de su pueblo, habló en su defensa y buscó la paz para los de su raza, se convirtió en el segundo hombre más importante de imperio después del rey. Su nombre se hizo conocido entre los judíos y sus descendientes.

La última adición griega del libro de Ester ofrece una explicación del extraño sueño de Amán mencionado al inicio del libro. Este hablaba de tiempos de agitación. La fuente que se convirtió en un río era un símbolo de Ester. Los dos dragones se referían a Amán y a Mardoqueo. Uno era malo y otro bueno. Los pueblos que se unieron para luchar contra los judíos son los que estaban dispuestos a realizar el exterminio. El pueblo de Israel, la pequeña nación de los justos, gritó a Dios y fue salvada. El sol y la luz que aparecieron representaban la salvación obrada por el Señor. El inciso se concluye dando un significado más al nombre de la fiesta que debe celebrarse el 14 y 15 de Adar, de generación en generación. "Purim", que en hebreo significa "suertes", recuerda la suerte que tuvo el Pueblo de Dios y la que tuvieron las demás naciones en el tiempo asignado.

Lectio divina

Pasa de 8 a 10 minutos en contemplación silenciosa del siguiente pasaje:

Mardoqueo es recordado como un judío fiel a Dios, el cual no obstante su puesto de trabajo en un ambiente hostil a sus convicciones, sufrió y luchó por ser coherente con ellas. No solo: cuando se presentó la ocasión, alzó la voz en favor de su pueblo que se encontraba en peligro de muerte.

Y habiendo suplicado ayuda al Dios del cielo, recibió misericordia gracias a la mediación, humana y frágil, de la huérfana Ester. De hecho, en su momento, Mardoqueo se pregunta si la verdadera razón por la que Ester llegó a ser reina no fue acaso para poder salvar a su pueblo del peligro (cf. 4:14). El Dios invisible mueve los hilos de la historia para llevar a cabo su plan de salvación.

✠ ¿Qué más podemos aprender de este pasaje?

Preguntas de repaso

1. ¿Cuál era el significado del sueño de Mardoqueo?
2. En definitiva, ¿por qué Ester se convirtió en reina?
3. ¿Qué podemos aprender de la historia de Amán?
4. ¿Qué celebran cada año los judíos en la fiesta de "Purim"?

LECCIÓN 5
El primer libro de los Macabeos (I)

1 MACABEOS 1:1—9:22

Judas, de acuerdo con sus hermanos y con toda la asamblea de Israel, decidió que cada año, a su debido tiempo y durante ocho días a contar del veinticinco del mes de Quisleu, se celebrara con alborozo y regocijo el aniversario de la dedicación del altar (4:59).

Oración inicial (ver página 14)

Contexto

Parte 1: 1 Macabeos (1—2:70) El libro empieza con la historia de la opresión de Antíoco IV, al pueblo de la Judea, la cual tuvo su inicio en el siglo II a.C. Un judío de nombre Matatías degüella a un judío que se presenta a ofrecer un sacrificio sobre el altar pagano de Modín y tiene que huir con sus cinco hijos y muchos israelitas fieles. Este hecho marca los inicios de la insurrección macabea. La sección se concluye con la muerte de Matatías.

Parte 2: 1 Macabeos (3:1—9:22) Los hijos de Matatías continúan la lucha contra Antíoco IV, el cual persevera en su intento de imponer la cultura y la religión griega a los israelitas. Judas se convierte en una importante figura en Judea, liderando al pueblo en una serie de exitosas batallas. La sección central de esta parte del libro trata de la purificación del Templo, bajo la dirección de Judas. Al morir, el pueblo lo considera un salvador.

PARTE 1: ESTUDIO EN GRUPO (1 MAC 1:1—2:70)

Leer en voz alta 1 Macabeos 1:1—2:70.

1:1-40 Persecución religiosa

El primer libro de los Macabeos recibe su nombre del héroe del libro, Judas Macabeo. Macabeo significa "martillo" (cf. 1 Mac 2:4). Aunque la obra no trata solamente de las gestas de Judas, como sí sucede en el Segundo libro de los Macabeos, el sobrenombre al final terminó por aplicarse a todos los miembros de esa familia judía y dio nombre a los dos libros que narran su historia. Escrito probablemente en hebreo hacia el año 100 a.C., el libro llegó hasta nosotros solo en su traducción griega y latina. La versión griega es la que sirve como texto base para las traducciones modernas. Su contexto histórico es sobre todo el de la persecución religiosa de Antíoco IV Epífanes, la cual se tornó muy violenta hacia el año 167 a.C. Sin embargo, el libro en su totalidad abarca un periodo histórico de 40 años aproximadamente (175-134 a.C.), el cual va desde el ascenso al trono de Antíoco IV a la subida al poder en Judea de Juan Hircano, hijo de Simón Macabeo, segundo hijo de Matatías y primer anillo de la dinastía judía de los asmoneos. La dinastía de los asmoneos será derrocada por Herodes el Grande con el apoyo de los romanos, en 37 a.C.

La narración se abre con un resumen del periodo que va de Alejandro Magno hasta Antíoco IV Epífanes. Alejandro Magno, el hijo de Filipo de Macedonia, habiendo derrotado al rey Darío de los persas y medos, en 331 a.C., tomó posesión del vasto Imperio Persa. Dado que Judea, y por tanto Jerusalén, formaba parte del Imperio Persa, esta quedó bajo el dominio de Alejandro. Después de una serie de batallas y conquistas expansionistas, durante un periodo de aproximadamente doce años, Alejandro Magno murió a la edad de treinta y dos años en 323 a.C. El Primer libro de los Macabeos afirma que Alejandro dividió su reino entre sus generales antes de morir. Posiblemente esta era la información de la que el autor disponía en aquel momento. En realidad, a la muerte de Alejandro –que queda envuelta en el misterio–, sus generales los "diadocos" o sucesores lucharon entre sí para quedarse con la mayor parte posible del Imperio.

Hacia el 281 a.C., el imperio de Alejandro estará compuesto por tres reinos independientes: Egipto, gobernado por Ptolomeo; Siria y Persia, por Seleuco; y

Macedonia y Grecia, por Casandro. Como la Palestina se encuentra entre Siria y Egipto, estos dos reinos estarán disputándose continuamente su territorio en los años sucesivos. En 198 a.C., el rey Antíoco III, de la dinastía Seléucida (de Siria), conquista Israel y Jerusalén, permitiendo a los judíos practicar libremente su religión y tener su Sumo Sacerdote.

Después de la pérdida de una batalla contra los romanos, Antíoco III tuvo que pagar tributo a Roma y se encontró en serias necesidades económicas. Fue asesinado cuando intentó robar los tesoros de un templo en Ecbátana. Le sucedió su hijo más grande, Seleuco IV. Seleuco fue asesinado poco después de su ascensión al trono por un usurpador que a su vez fue muerto poco después. El hermano de Seleuco, Antíoco, tercer hijo de Antíoco III, se convirtió en rey en su lugar con apoyo externo, dado que su hijo Demetrio se encontraba como rehén en Roma, a causa de las serias deudas que el reino siguió teniendo con Roma durante el reinado de Seleuco IV.

En septiembre de 175 a.C. Antíoco se convertía en rey con el sobrenombre de Epífanes, es decir "manifestación de Zeus". A causa de su extraña y con frecuencia cruel manera de actuar, el rey terminó por recibir el apelativo de "Epimanes", deformación del sobrenombre Epífanes, que en griego significa "loco". El Primer libro de los Macabeos desarrolla su narración principalmente durante su reinado.

Una vez establecido el marco histórico, el autor sigue presentando al grupo que él llama "hijos rebeldes" (v.11) y "raza pecadora de rebeldes" (cf. 1:34). Desde los tiempos de Alejandro, existían dos facciones entre los judíos de Judea: una de corte tradicionalista, que insistía en la estricta adhesión al Dios patrio y a las tradiciones judías, y otra filo-helenista, que simpatizaba con la cultura, lengua y religión griegas. Los de esta segunda facción habían abandonado la Alianza e incluso intentaban esconder, quizás con la ayuda de algún procedimiento quirúrgico, su misma circuncisión. Esto último posiblemente debido a que los atletas entrenaban desnudos. Los filo-helenistas construyeron en Jerusalén un gimnasio, el cual era una institución griega usada para los deportes y la educación pública, y estaban siempre listos a secundar las decisiones del rey.

En 1:21, el autor refiere con gran viveza el grave y dramático acontecimiento del año 168 a.C.: el saqueo del Templo. Habiendo conseguido algunas victorias en su campaña contra Egipto, Antíoco IV, decide conquistar Chipre, pero es frenado por los romanos. A su regreso a Antioquía, la capital de su reino, prepara una expedición contra Jerusalén, a la cual saquea. El autor se limita a referir el saqueo del Templo, lo cual aparece a sus ojos como lo más aberrante. Cuenta cómo el rey se apropió de los objetos sagrados: el altar de oro, la lámpara del santuario, la mesa de los panes, vasos y copas, cortinas y coronas, además de todo el oro, plata y "tesoros ocultos" que pudo encontrar allí.

Dos años más tarde, prosigue en 1:29, Antíoco envió a Judá a un Misarca, esto es, un oficial encargado de cobrar los tributos, el cual se presentó en Jerusalén con un poderoso ejército. Engañando al pueblo con palabras de paz, el Misarca realizó una gran destrucción en Jerusalén derramando copiosamente sangre judía, destruyendo buena parte de la ciudad y sus murallas, haciendo cautivos a mujeres y niños, y adueñándose de su ganado. Reconstruyeron luego la así llamada "Ciudad de David", es decir, la ciudadela, lo correspondiente a la antigua capital davídica. La ciudadela fue poblada por judíos filo-helenistas, "los cuales en ella se hicieron fuertes" (1:34). El autor concluye la sección con un lamento sobre el estado en que había quedado la Ciudad Santa.

1:41-64 Establecimiento del culto pagano

Con el fin de acabar definitivamente con la división interna de la Palestina, la cual era una amenaza para la unidad política del Imperio, el rey publicó un edicto en todo su reino ordenando que se abandonaran costumbres particulares. El rey también hizo llegar el edicto a Jerusalén y a las ciudades de Judá. El edicto imponía por la fuerza la cultura y costumbres griegas, lo cual implicaba la supresión del culto del Templo, "sus holocaustos, sacrificios y libaciones; profanar sábados y fiestas; mancillar el santuario y lo santo; levantar altares, recintos sagrados y templos idolátricos; sacrificar cerdos y animales impuros; dejar a sus hijos incircuncisos; volverse abominables con toda clase de impurezas y profanaciones, *de modo que olvidaran la Ley y cambiaran todas sus costumbres*" (1:45-49). La desobediencia al decreto real implicaba la pena de muerte.

El 6 de diciembre de 167 a.C., el rey desafió a los fieles israelitas de una forma muy provocativa: erigió sobre el altar de los sacrificios, la "Abominación de la desolación" (cf. 1:54; Dn 11:31; 12:11), esto es, un altar pagano sobre el cual se practicaban cultos abominables y se ofrecían animales prohibidos por la Ley. Se quemaba incienso en las puertas de las casas y se rompían y echaban al fuego los libros de la Ley que se encontraban. Se actuaba violentamente contra los israelitas fieles a sus prácticas y costumbres (cf. 1:58-64). Muchos fieles israelitas preferían la muerte a violar las tradiciones de sus padres y profanar la Alianza.

2:1-70 Matatías y sus hijos

El capítulo 2 presenta al lector a uno de estos fieles israelitas: el sacerdote Matatías. Matatías tenía cinco hijos: Juan, Simón, Judas, Eleazar y Jonatán. Ellos habían abandonado Jerusalén y se habían ido a vivir a su ciudad natal llamada Modín (alrededor de 30 km. al noreste de Jerusalén). El autor describe la piedad del sacerdote y de sus hijos por medio de un lamento que pone en su boca en 2:6-14. A sus ojos era preferible morir que seguir contemplando tamaño ultraje.

El decreto real llegó también a Modín. Todo el pueblo fue convocado. También Matatías y sus hijos tuvieron que presentarse. Como era sacerdote, los encargados del sacrificio se dirigieron a él y sus hijos primero. Le prometieron incluso honores y dinero a cambio de ofrecer el sacrificio sacrílego, pues la apostasía del sacerdote arrastraría al pueblo a pecar. Matatías se rehúso firmemente (vv. 19-23). A poco de dar su respuesta, uno de los judíos presentes se adelantó para ofrecer él el sacrificio requerido. Matatías se inflamó de celo por la Ley y, ardiendo en ira, lo degolló sobre el altar pagano. Su celo recordó al del sacerdote Pinjás, conforme se narra en Nm 25:6-15. Después de esto él, sus hijos y aquellos que les quisieron seguir en su celo por la Ley, huyeron a las montañas.

A continuación el autor refiere el episodio de otro grupo que había huido, con sus mujeres, hijos y ganados hacia el desierto, movidos por las mismas razones (1:29-38). Gentes del rey, venidos desde Jerusalén, les salieron al encuentro queriendo obligarlos a cambiar de parecer. El día era sábado. Al cercarlos, por respeto al día santo, no tuvieron un solo gesto de defensa: murieron todos.

Matatías y su grupo supieron de lo ocurrido y sintieron gran pesar por ellos. Pero se dieron cuenta de que si todos se sometían al decreto, no quedaría quien defendiese la Ley. Y tomaron la resolución, en caso de ser necesario, de luchar incluso en día de Sábado. Al grupo de Matatías se unieron más gentes del pueblo, incluido un grupo de israelitas observantes y celosos por la Ley llamado los "asideos" (los "piadosos"). Animado por el mismo celo, el bando de Matatías recorría Israel, destruyendo altares paganos, circuncidando a cuantos niños incircuncisos encontrasen y persiguiendo a los insolentes. Y prosperaban en su empresa.

El capítulo se concluye mencionando la muerte de Matatías. Estando para morir, pronunció delante de sus hijos una exhortación en forma de testamento espiritual, invitándolos a ser valientes, permaneciendo fieles a la Ley, recordando el ejemplo de sus mayores (cf. 1:49-64). Nombró a su hijo Simón como consejero del grupo y a Judas como líder del ejército. Murió en 166 a.C. (en el 146 según el calendario del libro).

Preguntas de repaso

1. ¿Quién fue Antíoco Epífanes y cuáles fueron sus acciones en contra del pueblo de Israel?
2. ¿Cómo buscó imponer el rey las costumbres y cultura griegas a los judíos?
3. ¿Quiénes formaban, según el autor, la "raza pecadora de los rebeldes"?
4. ¿Qué se entiende con la expresión, también encontrada en el libro de Daniel, de la "abominación de la desolación"?

Oración final (ver página 15)

Hacer la oración final ahora o después de la *Lectio divina*.

Lectio divina (ver página 8)

Relájate y mantén una postura de oración (espalda recta, ojos cerrados, pies apoyados en el suelo). Este ejercicio puede durar cuanto gustes, pero en el contexto de este estudio bíblico, de 10 a 20 minutos deberían ser suficientes.

Las meditaciones que siguen se ofrecen para ayudar a los participantes a usar esta forma de oración, pero hay que considerar que la *Lectio* está pensada para conducirlos a un ambiente de contemplación orante, donde la Palabra de Dios habla al corazón de quien la escucha (ve la página 8 para más instrucciones).

Persecución religiosa (1:1-40)

El problema de la persecución religiosa, con el que nos encontramos también en la historia de los Macabeos, es uno de los grandes temas de la fe de ayer y de hoy. El celo de Matatías y de su familia por las tradiciones religiosas del pueblo judío implica, no solamente la fidelidad a una alianza externa, sino sobre todo a la alianza de la conciencia, santuario de Dios en el hombre. A lo largo de la historia del Cristianismo, muchos seguidores de Jesús han sido forzados a adherirse a creencias y prácticas contrarias al Evangelio y a sus conciencias. La Iglesia, sobre todo en el siglo XX, ha subrayado y defendido la libertad de conciencia para todos los hombres. En nuestro siglo XXI, la persecución religiosa también es un tema actual.

✠ ¿Qué más podemos aprender de este pasaje?

Establecimiento del culto pagano (1:41-64)

El lamento de Matatías por la profanación del Templo de Dios y su Ley habla de una actitud de alma digna de imitación. En nuestros días, la práctica religiosa se ve marcada en muchos ambientes por la falta de reverencia y temor de Dios. El secularismo y el relativismo, en nombre de la laicidad y neutralidad de los ambientes y Estados, se han trasformado en una forma de dictadura, como subrayó en su momento el papa Benedicto XVI. En muchos lugares, la defensa del laicismo se ha convertido en una lucha abierta contra el Evangelio. La Nueva Evangelización con la que la Iglesia nos invita a colaborar, dejando a un lado todo proselitismo, significa el esfuerzo conjunto de profundización y presentación renovada del Evangelio, sobre todo por el testimonio de la propia vivencia de la fe.

✠ ¿Qué más podemos aprender de este pasaje?

Matatías y sus hijos (2:1-70)

El celo de la familia de los Macabeos por la alianza con Dios merece ser alabada. Sin embargo, después de la venida de Jesús, el uso de la fuerza para defender la fe ya no es justificable, al menos en circunstancias ordinarias. "Guarda tu espada", le dijo Jesús a Pedro cuando la sacó para defenderlo en el huerto de Getsemaní (cf. Mt 26:52; Jn 18:11). No es un equilibrio fácil predicar el Evangelio y respetar la conciencia de los demás. El cristiano está llamado a vivir el espíritu de las bienaventuranzas, las cuales son un retrato de la persona de Jesús. Jesús da un sentido justo, pleno y definitivo a todas las enseñanzas del Antiguo Testamento.

✠   ¿Qué más podemos aprender de este pasaje?

PARTE 2: ESTUDIO INDIVIDUAL (1 MAC 3:1—9:22)

Día 1: Judas Macabeo, jefe de los judíos (166-160 a.C; 1 Mac 3:1-60)

Del capítulo 3 al capítulo 9, la atención del autor se centra en Judas Macabeo, el cual se convierte en el personaje central del relato. Aunque no comenzará a contar las hazañas de Judas hasta 3:10, el autor proclama por anticipado la gloria de este personaje, tejiendo un elogio. Para ello, presenta un resumen de sus gestas heroicas (3:1-9). Como él mismo afirma en 3:7, "su recuerdo será eternamente bendecido". En los capítulos que siguen el lector entenderá por qué.

La primera victoria de Judas y su pequeño ejército se dio contra un tal Apolonio, el cual había reunido a gentiles y a gentes de Samaría para luchar contra Israel. Al tener conocimiento de los planes de aquel, Judas luchó contra él dándole muerte a él y a muchos de sus combatientes. Judas se apoderó de la espada de Apolonio con la cual luchó hasta el final de sus días. A continuación, un comandante del ejército sirio de nombre Serón, al saber del ejército de Judas, decidió combatirlo. Su ejército era mucho más numeroso. Al encontrarse para el combate cerca de un lugar llamado Bet Jorón, los del bando del Judas temieron por ser pocos. Con palabras que recuerdan a las de David ante Goliat (cf. 1 Sam 17:45), Judas los animó a confiar en la fuerza del cielo y salieron victoriosos también en aquella batalla. La fama del Macabeo empieza a esparcirse por toda la región, llegando a oídos del rey.

Es interesante notar que el autor de 1 Macabeos en ningún momento menciona el nombre de Dios. Hará constantes referencia al Señor pero siempre a través de circunloquios, como el que acabamos del encontrar ("cielo").

Al oír lo que estaba ocurriendo en Judea, Antíoco se llenó de ira. Abriendo sus tesoros, anticipó a sus soldados la paga de un año, animándolos a estar listos para lo que pudiera venir. Sin embargo, se dio cuenta de que con esa acción había dañado seriamente la economía del imperio. Dado que la recaudación de impuestos era escasa, debido a las revueltas y calamidades en diversas regiones del Imperio, el rey decidió partir para oriente, para Persia, para recoger los tributos de aquellas provincias. Dejó entonces como encargado del Reino y de su hijo Antíoco, a Lisias, personaje de la nobleza y de la familia real. Le encargó deshacer las nuevas fuerzas de Israel (3:27-37).

Lisias entonces escogió a tres hombres de su confianza –Ptolomeo, Nicanor y Gorgias– para que liderasen un numeroso ejército contra la provincia de Judea: 40,000 soldados a pie y ¡otros 7,000 a caballo! El ejército acampó cerca de Emaús, una población diversa de la mencionada en Lc 24:13-35. Judas y su bando tuvieron conocimiento de la delicada situación. Una vez más Judas los animó a luchar por su pueblo y por el Lugar Santo. "Se convocó la asamblea para prepararse a la guerra, hacer oración y pedir piedad y misericordia" (3:44).

Se reunieron entonces en Masfá, dónde tiempos atrás había un lugar de oración para Israel (cf. 3:46; Jue 11:11; 1 Sam 7:5). Ayunaron, vistieron ropas de penitencia, buscaron luz y fortaleza en el libro de la Ley, suplicando al cielo les mostrase lo que debían hacer. Judas entonces, renovado en su celo, convocó a más hombres de las regiones que estuvieran dispuestos y pudiesen luchar conforme a lo prescrito por la Ley (cf. Dt 20:5-8) y poniendo su confianza en Dios, se fueron a acampar al sur de Emaús (3:46-60).

Lectio divina

Pasa de 8 a 10 minutos en contemplación silenciosa del siguiente pasaje:

En la presentación que el autor hace de Judas Macabeo, uno puede tocar con la mano el santo orgullo que le anima al recordar sus gestas. Es un hermano suyo en la fe, consciente de que la lucha de Judas por permanecer fiel a la Alianza es algo que debe ser recordado de generación en generación. A lo largo de la historia de la Iglesia, muchos hermanos nuestros también han dado literalmente su vida por Cristo y por su Evangelio. Los recuerdan con santo orgullo quienes nos transmitieron sus historias; los recordamos con veneración al hacer memoria de ellos en nuestras liturgias. Sus vidas son auténticos monumentos de fe.

✠ ¿Qué más podemos aprender de este pasaje?

Día 2: Victorias en batalla y la purificación del Templo (4-5)

Mientras Judas y sus hombres descansaban, Gorgias tomando a un grupo considerable de su numeroso ejército, salió para atacarlos por sorpresa. Habiendo sido alertado sobre el ataque, Judas partió con sus hombres hacia el campamento enemigo, planeando atacar al ejército que se había quedado en el campamento de Emaús. Gorgias llegó de noche al campamento de Judas y, al no encontrar a nadie, creyó que había huido a las montañas. Al amanecer, Judas dio batalla al ejército que se había quedado en el campamento sirio, animando a sus hombres con el recuerdo de la victoria al cruzar el Mar Rojo. Dieron muerte a un gran número hombres del ejército enemigo, persiguiendo los que intentaban escapar. Al volver de la persecución, no tomaron botín, pues todavía les esperaba una batalla más contra Gorgias y sus hombres que volvían al campamento. Estos, al ver por un lado el humo que salía de su campamento y por otro al ejército de Judas listo para el combate, salieron en desbandada hacia el territorio de los filisteos. Judas y su ejército bajaron al campamento sirio y tomaron un copioso botín (cf. 4:23).

"De regreso cantaban y bendecían al Cielo: «Porque es bueno, porque es eterna su misericordia.» Hubo aquel día gran liberación en Israel" (1 Mac 4:24-25).

La noticia de la derrota del ejército sirio llegó hasta Lisias. Al año siguiente, reunió a otro numeroso ejército y marchó contra Judas. Al ver la fuerza del enemigo, Judas rezó al Salvador de Israel, a Aquel que protegió a David y Jonatán (cf. 1 Sam 17:48–58), para que llenara de temor y cobardía al ejército enemigo. Judas y sus hombres les dieron batalla y salieron de nuevo victoriosos. Lisias volvió a Antioquía para reunir mercenarios para así, con un ejército más fuerte, volver a atacar Judea.

En este punto de la narración, el autor referirá lo que a sus ojos fue la gesta más grande de Judas: la purificación del Templo (4:36-51). Habiendo logrado la expulsión del enemigo, Judas invita a sus hombres a subir a Jerusalén para purificar la casa del Señor. El panorama que encontraron los llenó de tristeza y lamentaron hondamente la desolación en que se encontraba el santuario. A continuación, Judas animó a sus hombres a combatir a los soldados que se encontraban en la ciudadela para purificar el Lugar Santo. Escogió entonces a sacerdotes celosos de la Ley, los cuales purificaron el Templo. El autor describe con detalle la cuidadosa purificación que se llevó a cabo. El día veinticinco del noveno mes llamado Quisleu (14 de diciembre), del año 164 a.C. (148 en el calendario del libro), se hizo la reinauguración del culto en el Templo con sacrificios al Señor, para gran alegría del pueblo fiel. Judas y sus hermanos, juntamente con el pueblo, decidieron que año tras año se celebrara dicho acontecimiento durante ocho días comenzando el 25 de Quisleu. Hasta el día de hoy, los judíos siguen celebrando con gran solemnidad el aniversario de la dedicación del altar. Dedicación que fue posible, gracias al celo de Judas Macabeo y de sus hermanos. La fiesta recibe el nombre hebreo de *Hanukkah*. Habiendo fortificado el monte Sion con fuertes murallas y altas torres, Judas nombró una guarnición para protegerlo.

Pero la lucha aún no termina. En el capítulo 5 el autor narra otras batallas que ganó Judas Macabeo y que lo hicieron temible a los gentiles y aún más honrado para los israelitas. La purificación del Templo encendió la ira de pueblos circunvecinos que comenzaron a masacrar a los israelitas. A los edomitas que intentaban bloquear las rutas de comercio de Israel, Judas los masacró. Los edomitas, según el libro del Génesis, son los descendientes de Esaú, hermano de Jacob. A continuación, peleó contra los amonitas con su fuerte ejército liderado por un tal Timoteo y también los venció. Ocupó un lugar llamado Yazer y luego volvió a Judea.

A continuación, los paganos de Galaad se unieron para exterminar a los israelitas que vivían en su territorio. Estos últimos enviaron cartas a Judas pidiendo ayuda. Mientras le daban la noticia de esta amenaza, llegaron unos mensajeros de Galilea para pedirle también socorro. Judas entonces pidió a su hermano Simón que liderase un grupo para ayudar a Galilea, mientras él con Jonatán, su hermano menor y otro grupo, irían ayudar a los de Galaad. Dejó a otro grupo para la defensa de Judea, con órdenes de no pelar hasta su regreso.

Judas y su hermano Jonatán guiaron su ejército durante tres días a través del desierto. Durante el trayecto se encontraron con los nabateos, tribu de mercaderes árabes, los cuales los acogieron pacíficamente, informándoles de la situación de Galaad. Judas cambió su ruta y logró ayudar a sus hermanos en necesidad en aquella zona. Luchó contra Timoteo y su ejército, dando muerte a un gran número de gentiles. Reuniendo a los todos los israelitas de Galaad con sus familias y posesiones, Judas los condujo a la tierra de Judá.

Mientras regresaba a Jerusalén, Judas libró todavía otras batallas de las cuales salió victorioso.

Al oír las grandes proezas realizadas por Judas, Jonatán y Simón, los jefes del ejército encargados de defender la Judea, esto es, José y Azarías, decidieron marchar contra la ciudad de Yamnia. Enfrentaron a Gorgias y a su ejército, el cual los persiguió hasta los límites de Judea, matando a dos mil israelitas. La derrota descorazonó al pueblo, que se avergonzó de ellos por no haber obedecido las órdenes de Judas.

Tanto los judíos como los gentiles alabaron a Judas y a sus hermanos por sus victorias.

Lectio divina

Pasa de 8 a 10 minutos en contemplación silenciosa del siguiente pasaje:

La fiesta de Hannukah recuerda la gesta más importante de Judas Macabeo y sus hermanos: la purificación del Templo y la reanudación del culto del Señor en Jerusalén. La memoria de las luchas que la antecedieron, subrayan el valor de dicho acontecimiento y lo que implicó llevarlo a cabo. Judas es exaltado no solo por su celo por Dios y sus victorias en las batallas, sino también por la preocupación por sus hermanos en la fe, por su prontitud en ayudarles a permanecer a la Alianza o por volver a ella. Sus luchas y victorias subrayan el valor de la fe.

✠   ¿Qué más podemos aprender de este pasaje?

Día 3: Más victorias de Judas y su grupo (6-7)

Antíoco IV supo que Elam, ciudad de Persia, poseía grandes riquezas y abundancia de cascos de plata y oro, así como corazas y armas que habían pertenecido a Alejandro Magno. En su necesidad tan apremiante de dinero, Antíoco planeó conquistar y saquear Elam; pero la gente del lugar se enteró de sus planes y lo mantuvo a raya.

Estando todavía en Persia, un mensajero le vino al encuentro trayendo noticias de la derrota de Lisias en Judá, añadiendo que los judíos se habían vuelto más poderosos gracias a las armas y bienes que habían tomado del ejército sirio. Le informó también de los sucedido en Jerusalén y el Templo, y de la construcción de las murallas alrededor del santuario. Después de escuchar estas noticias, Antíoco enfermó y cayó en cama oprimido por la pena. Sintiendo que estaba para morir, habló de la angustia que sentía por haber dañado el templo de Jerusalén. La anotación del autor parece ser una interpretación teológica de la enfermedad y muerte de Antíoco, pues en realidad esta se dio como consecuencia de una derrota en Oriente. Antes de morir, llamó a uno de sus ministros de confianza de nombre Filipo y le entregó su diadema, manto y el anillo con el sello real para que los llevara a su hijo Antíoco y lo hiciera rey. Antíoco IV murió en 164 o 163 a.C. Al saber en Antioquía de su muerte, Lisias instaló a su hijo Antíoco en su lugar, dándole el sobrenombre de "Eupator", "(hijo) de un buen padre".

De regreso en Jerusalén, los gentiles de la Ciudadela (cf. 1:33) intentaron hostigar a los israelitas en el santuario. Judas entonces puso un cerco a la fortaleza, pero algunos gentiles que se hallaban atrapados en la misma, lograron escapar con la ayuda de algunos israelitas renegados. Los gentiles que acababan de escapar se presentaron ante Antíoco V y le reprocharon su lentitud para actuar en favor de su gente que estaba muriendo a manos de Judas y su ejército. En realidad, se estaban quejando de Lisias, quien actuaba en nombre del rey, pues este todavía era muy joven. El rey entonces, por sugerencia de Lisias, ordenó que se enviara un contingente a Judea, el cual luchó por varios días en Bet Sur.

Judas marchó hacia Bet Zacaría frente al campamento real. El ejército sirio se presentó muy bien armado. Las tropas de Judas dieron la batalla, logrando dar muerte a 600 soldados del ejército real. Pero el ejército real era demasiado fuerte para ellos y tuvieron que retroceder. Un escuadrón del ejército real partió con la intención de atacar Jerusalén. Ocuparon pacíficamente Bet Sur, pues la población se encontraba sin víveres, ya que era año sabático (cf. Éx 23:10-11). Durante días estuvieron atacando el santuario de Jerusalén. La guarnición que lo defendía poco a poco se fue reduciendo, por la falta de alimentos.

Oyendo Lisias que Filipo, el que había cuidado de Antíoco V por recomendación de su padre, había vuelto de Persia y Media con su ejército, y que planeaba tomar el poder, regresó a Antioquía. El rey, por sugerencia de sus colaboradores más cercanos, envió emisarios con la propuesta de paz a los sitiados, los cuales la aceptaron bajo juramento real. El autor menciona que el mismo rey entró en el monte Sion y que al ver la fortaleza del lugar, violó su juramento y ordenó destruir la muralla. Luego partió para Antioquía y supo que Filipo se había apoderado de la ciudad, teniendo que recuperar sus dominios con la fuerza.

El capítulo 7 empieza narrando el regreso de Demetrio, el hijo de Seleuco IV que se encontraba como rehén en Roma, en 161 a.C. Demetrio era el heredero legítimo del trono sirio. De regreso a Antioquía, mandó matar a Lisias y a Antíoco V sin siquiera haber hablado con ellos. Demetrio es informado de la situación en la cercana Palestina y del "asunto" Judas Macabeo. Como era de esperarse, el rey envía un ejército para hacerse cargo del problema. Dos hombres de confianza de Demetrio, Báquides y Alcimo (que pretendía el sumo sacerdocio), tratan de convencer a Judas y a sus hermanos de que acepten un tratado de paz. Pero al ver al ejército que los respaldaba y dándose cuenta del engaño, Judas se rehusó. Los asideos que se dejaron llevar por la propuesta de paz, fueron asesinados por Alcimo. Nicanor, por su parte, marchó contra Judas.

Estando para luchar contra Nicanor, Judas rezó al Señor, recordando la ocasión en que su ángel destruyó al ejército del rey asirio Senaquerib (cf. 2 Re 19:35). Judas implora al Señor la misma ayuda, dado que Nicanor había blasfemado contra su santuario. Al empezar la lucha, Nicanor fue uno de los primeros en morir, lo cual causó que los soldados de su ejército desertaran. Los judíos e israelitas los persiguieron por los pueblos de Judea, dónde fueron eliminados.

Habiendo muerto Nicanor en batalla, los judíos tomaron botín de su campamento, cortaron la cabeza del jefe sirio y su brazo derecho, el cual había levantado contra ellos y los expusieron en Jerusalén ante todo el pueblo. El pueblo quiso establecer una fiesta en recuerdo de dicho acontecimiento, pero la fiesta no perduró.

Lectio divina

Pasa de 8 a 10 minutos en contemplación silenciosa del siguiente pasaje:

El ambiente bélico de los capítulos apenas estudiados, nos ayuda a recordar una admonición de la Escritura: "El hombre en la tierra cumple un servicio, vida de mercenario es su vida" (Job 7:1). Nuestra lucha, sin embargo, es una lucha pacífica. La lucha por permanecer en la alianza con Dios, esto es, en la vida de gracia. Vivir de modo que nuestra vida le sea agradable. Luchamos para que los derechos de Dios y del Evangelio sean de verdad respetados. Luchamos por la victoria del bien, empuñando la espada del Espíritu que es la Palabra de Dios (cf. Ef 6:13-17).

✠ ¿Qué más podemos aprender de este pasaje?

Día 4: La muerte de Judas (8:1—9:22)

Roma crecía rápidamente en poder desde finales del siglo III a. C. El autor de 1 Macabeos detalla algunas de las conquistas de Roma y alaba su poder y organización (8:1-16). Los eventos que ahora referirá tuvieron lugar antes del año 63 a.C., cuando los romanos tomaron el control de Judea y se enemistaron con el pueblo. En el tiempo de Judas, muchas naciones miraban a los romanos con admiración y procuraban pactar la paz con ellos.

Oyendo hablar de la fama de los romanos, también Judas envió representantes suyos a Roma para establecer un pacto de amistad con ellos, prometiéndoles ayuda contra los griegos y otros pueblos que los atacasen. Roma, por su parte, haría lo mismo en relación con los israelitas. La propuesta agradó al Senado, que en esa época fungía prácticamente como jefe del gobierno (cf. 1 Mac 8:17-32).

Al saber de la derrota de Nicanor contra el ejército de Judas (inicios del capítulo 9), Demetrio envía de nuevo a Báquides y Alcimo, en una nueva expedición militar contra Judea. Era el año 160 a.C. Al ver el numeroso ejército que les venía al encuentro, muchos hombres de Judas se llenaron de miedo y huyeron. "¡Eso nunca, obrar así y huir ante ellos! Si ha llegado nuestra hora, muramos con valor por nuestros hermanos y no dejemos mancillada nuestra gloria" replicó el caudillo (9:10).

Judas entonces tuvo que enfrentar a Báquides con un pequeño grupo de 800 hombres. Algunos de sus hombres le aconsejaron retroceder en búsqueda de más ayuda, pero Judas, como era de esperarse, se rehusó enérgicamente a la propuesta. Al inicio, Judas y sus hombres consiguieron sostener la lucha; pero luego otra ala del ejército enemigo reforzó sus filas, Judas fue herido de muerte y el resto de sus hombres huyó en retirada. Jonatán y Simón recogieron al cuerpo de su hermano y lo depusieron en la tumba de sus padres. Por muchos días, el pueblo de Israel lloró la muerte de Judas, el cual lo consideró su héroe y salvador.

Lectio divina

Pasa de 8 a 10 minutos en contemplación silenciosa del siguiente pasaje:

El relato de la muerte de Judas, recuerda la de tantos que a lo largo de la historia lucharon por el bien y la verdad hasta el último momento, incluso hasta el derramamiento de su sangre. En el vértice de este obrar encontramos a Jesucristo, cuyo ejemplo da nueva luz al camino del Antiguo Testamento e ilumina el de la Iglesia a lo largo de estos dos milenios. "Yo para esto he nacido y para esto he venido al mundo: para dar testimonio de la verdad" (Jn 18:37). Por la verdad de Dios que salva, liberta y redime al hombre y su misma libertad, Jesús dio su vida, derramó su sangre. Estamos llamados a vivir y a dar testimonio de esta verdad salvífica en la caridad (cf. Ef 4:15).

✠ ¿Qué más podemos aprender de este pasaje?

Preguntas de repaso

1. ¿Cómo empezó Matatías la rebelión contra Antíoco IV?
2. Menciona algunos nombres de generales del ejército sirio.
3. ¿Cuál fue la gesta más grande de Judas Macabeo y cómo se llama la fiesta que la celebra?
4. ¿Cómo murió Judas Macabeo?

LECCIÓN 6

El primer libro de los Macabeos (II)

1 MACABEOS 9:23–16:24

El país de Judá gozó de paz durante todos los días de Simón. Él procuró el bien a su nación, les fue grato su gobierno y su gloria en todo tiempo (14:4).

Oración inicial (ver página 14)

Contexto

Parte 1: 1 Macabeos 9:23—10:66 Estos capítulos se centran en la figura de Jonatán, el cual sucede a Judas en su puesto de liderazgo y más tarde se convierte en Sumo Sacerdote. Jonatán dirige sus tropas contra Apolonio, a quien el rey Demetrio había puesto como encargado de una parte de la Palestina.

Parte 2: 1 Macabeos 10:67—16:24 Estos capítulos narran una serie de tratados entre los judíos y los espartanos, y entre los judíos y los romanos. Jonatán es capturado y su hermano Simón se convierte en el jefe de los judíos. Simón gobernó a la nación correctamente.

PARTE 1: ESTUDIO EN GRUPO (1 MAC 9:23—10:66)

Leer en voz alta 1 Macabeos 9:23—10:66.

9:23-73 Jonatán sucede a Judas

Con la muerte de Judas, cobró fuerzas nuevamente la "raza pecadora de rebeldes" (cf. 1:34), es decir, los judíos simpatizantes del poder helenístico. El país pasaba por una hambruna, pues posiblemente era Año Sabático según la legislación de Éx 23:10-11. Al pueblo se le terminaban las provisiones. Báquides puso a cargo del país a personas del grupo de los renegados. Estos capturaron a judíos del grupo de Judas, los llevaron a Báquides, se mofaron de ellos y los castigaron. Otros del grupo se presentaron a Jonatán y le pidieron que los liderasen, petición que este aceptó.

Al saber del nuevo líder Macabeo, Báquides planea matarlo. Cuando Jonatán y su hermano Simón descubren el complot, huyen al desierto, a un lugar cerca del Mar Muerto. Encargaron a su hermano Juan que llevara el excedente de su equipaje a los nabateos, lo cuales les habían ayudado en el pasado. Durante el viaje, el convoy de Juan fue atacado por los hijos de Amrai. Juan fue capturado y asesinado. Hubo una boda de los hijos de Amrai y Jonatán junto con Simón atacaron el cortejo de la boda. Hirieron a muchos y los supervivientes escaparon al monte. Así vengaron la muerte de su hermano. Después, volvieron a la región pantanosa del Jordán.

La noticia de este hecho llegó hasta Báquides, quien marchó con un gran contingente en día de sábado hasta las orillas del Jordán, dónde Jonatán y su bando acampaban. Con las aguas del Jordán a su espalda y el terreno dificultoso a su alrededor, suplicando al cielo ayuda, Jonatán y su bando trabaron combate con las fuerzas enemigas. Lograron hacerlos retroceder un poco y Jonatán con sus hombres pudo llegar a nado a la otra orilla del Jordán. El ejército de Báquides se quedó en la otra orilla. Un gran número de israelitas sucumbieron aquel día. Volviendo a Jerusalén, Báquides fortificó la ciudad y sus alrededores, tomando como rehenes a los principales de la región, poniéndolos bajo custodia en la Ciudadela de Jerusalén.

En mayo de 159 a.C., Alcimo, Sumo Sacerdote ilegítimo, dio órdenes de que se demoliera el atrio interior del santuario, el cual separaba el santo de los santos del resto del Templo. La obra no pudo realizarse, pues Alcimo fue aquejado por una parálisis y poco tiempo después murió. Al saber de esto Báquides regresó a Antioquía y hubo paz en Israel durante dos años.

Terminado este período, los "sin ley" conspiraron contra Jonatán y su grupo, los cuales vivían tranquilos y confiados. Se presentaron a Báquides sugiriéndole un ataque sorpresa para darles muerte. Antes de partir, Báquides mandó decir a sus aliados de Judea que atacasen al bando de Jonatán. Estos sin embargo supieron del complot, cercaron a cincuenta líderes de la conspiración y les dieron muerte. A continuación, Jonatán y su grupo reconstruyeron la fortificación de Bet Basí, que se encuentra a unos tres kilómetros al este de Belén. Báquides la sitió. Mientras Simón con un grupo defendía Bet Basí, Jonatán se fue a dar batalla a otros dos grupos hostiles. En un momento, Simón y su bando salieron de la fortaleza, trabaron batalla contra Báquides y lo derrotaron. Humillado, Báquides montó en cólera contra los sin ley que le había aconsejado venir a la región, matando a muchos de ellos. Al saberlo, Jonatán envió legados para concertar la paz a cambio de los rehenes de Jerusalén. Báquides aceptó, volviendo a su territorio. "Así descansó la espada en Israel" (9:73). Jonatán se estableció en Micmás como juez del pueblo, haciendo desaparecer a los impíos de Israel.

10:1-66 Jonatán se convierte en Sumo Sacerdote

El año 152 a.C., Alejandro Epífanes, el cual decía ser hijo de Antíoco IV, tomó Tolemaida, una importante ciudad costera de Fenicia y se proclamó rey. Cuando Demetrio lo supo, reunió un ejército y desafió a Alejandro en batalla. Antes de partir, Demetrio escribió a Jonatán pactando la paz y prometiéndole privilegios pues temía que decidiera apoyar a Alejandro. Alejandro, por su parte, también envió una carta de paz a Jonatán, alabándolo por su valentía y nombrándolo Sumo Sacerdote. Jonatán y sus hermanos, de hecho, eran de familia sacerdotal (cf. 2:1). Además, Alejandro le honró con el título de "amigo del rey" (10:20). Envió a Jonatán un manto de purpura y una corona de oro, símbolos del sumo sacerdocio. Jonatán los vistió en la fiesta de las tiendas del año 152 a.C., reclutó tropas y fabricó gran cantidad de armas.

Al saber de los beneficios concedidos por Alejandro a Jonatán, Demetrio le envió otra carta en la cual le prometía grandes beneficios como la exención de los tributos sobre varios productos, autoridad sobre la Ciudadela de Jerusalén (que por entonces se encontraba dominada por los griegos), la aceptación del Sumo Sacerdocio de Jonatán y varias cosas más (cf. 1 Mac 9:26-45). Jonatán, sin embargo, no dio crédito a la propuesta y recordando todo lo que Demetrio había hecho contra su pueblo, se decidió por el partido de Alejandro. Los dos reyes se enfrentaron en combate y Alejandro resultó vencedor. La elección de los judíos había sido la correcta.

Sosteniendo ser el legítimo sucesor del trono seléucida, Alejandro escribió al rey Ptolomeo de Egipto pactando la paz. Para consolidar el acuerdo, Alejandro desposó a Cleopatra, hija de Ptolomeo, en Tolemaida. Jonatán fue invitado a la boda, en dónde pudo conocer personalmente a los dos reyes y a los cuales ofreció regalos, oro y plata. Algunos de los judíos "sin ley" intentaron acusar a Jonatán ante el rey, pero este no les dio oídos. Vistió a Jonatán con purpura real y lo hizo sentar a su lado. Decretó que nadie molestara a Jonatán. El grupo de acusadores entonces huyó temiendo por su vida.

Preguntas de repaso

1. ¿Cuáles son las principales diferencias entre el liderazgo de Judas y el de su hermano Jonatán?
2. ¿Cuál es el significado del nombramiento de Jonatán como Sumo Sacerdote?
3. ¿Qué títulos recibió Jonatán del rey Alejandro de Siria?

Oración final (ver página 15)

Hacer la oración final ahora o después de la Lectio divina

Lectio divina (ver página 8)

Relájate y mantén una postura de oración (espalda recta, ojos cerrados, pies apoyados en el suelo). Este ejercicio puede durar cuanto gustes, pero en el contexto de este estudio bíblico, de 10 a 20 minutos deberían ser suficientes.

Las meditaciones que siguen se ofrecen para ayudar a los participantes a usar esta forma de oración, pero hay que considerar que la Lectio está pensada para conducirlos a un ambiente de contemplación orante, donde la Palabra de Dios habla al corazón de quien la escucha (ve la página 8 para más instrucciones).

Jonatán sucede a Judas (9:23-73)

Los hermanos Macabeos muestran una gran confianza en Dios. Al encontrarse ante situaciones casi imposibles de superar, levantaban sus manos al cielo, pedían ayuda y salían victoriosos en sus empresas. Su ejemplo nos anima a dar prioridad a la oración ante situaciones y decisiones difíciles. No pidamos a Dios que nos quite la montaña de enfrente, sino que nos muestre el camino para subirla.

✠ ¿Qué más podemos aprender de este pasaje?

Jonatán se convierte en Sumo Sacerdote (10:1-66)

Durante el período de los Macabeos, el Sumo Sacerdote influía mucho en la vida del pueblo. Por ello era tan importante que la persona que ejercía dicho ministerio conociera las tradiciones antiguas del pueblo judío y se guiara por la ley de Dios. En este periodo de la historia de Israel, el poder temporal y religioso se mezclan, con todo lo que esto conlleva. En la Iglesia de Cristo también existe el ministerio ordenado de los obispos, sacerdotes y diáconos. Pero el ejercicio de dicho ministerio debe guiarse siempre por el ejemplo del Buen Pastor, quien vino para servir y no para ser servido; quien vino para dar su vida por las ovejas.

✠ ¿Qué más podemos aprender de este pasaje?

PARTE 2: ESTUDIO INDIVIDUAL (1 MAC 10:67—16:24)

Día 1: Alianza entre Ptolomeo y Demetrio II (10:67—11:74)

En 147 a.C. Demetrio II, hijo de Demetrio, se levantó contra Alejandro nombrando a Apolonio como gobernador de la región de la Celesiria, esto es, el actual Líbano incluyendo a Palestina. Apolonio bajó a Palestina y acampó en Yamnia, ciudad central de Israel. Provocó a Jonatán a la guerra, diciéndole que sus antepasados habían huido dos veces anteriormente. Esto, al parecer, es una referencia a dos batallas que Judas perdió. Jonatán dirigió una tropa, conquistó Jope, que era una guarnición siria y presentó batalla a Apolonio.

Este había intentado armar una emboscada a Jonatán. Fingiendo huir, hizo que Jonatán lo siguiera, pero dejó una parte del ejército escondida. Esta vino detrás de Jonatán y la batalla se volvió muy cerrada. Al final, Jonatán venció y persiguió al ejército enemigo. Este busco refugio en un templo filisteo, el cual fue quemado por los judíos con los fugitivos dentro. Al saber de esta victoria, Alejandro le concedió nuevos honores a Jonatán.

El capítulo 11 narra cómo el rey Ptolomeo de Egipto reunió a un gran ejército y, fingiendo estar en paz, viajó hasta Siria. De camino, por órdenes de Alejandro, las poblaciones le abrieron las puertas. Al dejar los pueblos, Ptolomeo tomó control de los lugares, dejando tras de sí guarniciones egipcias. La gente de Filistea le enseñó el Templo que Jonatán había quemado y toda la mortandad que había causado, pero Ptolomeo se mostró impasible. Jonatán lo encontró en Jope y el encuentro fue pacífico. Al día siguiente lo acompañó durante un tramo del camino y se volvió a Jerusalén.

Ptolomeo entonces envió embajadores a Demetrio II, buscando hacer alianza con él, prometiendo además darle la mano de su hija Cleopatra, la esposa de Alejandro cuyo reino el tenía intenciones de conquistar. Su plan era convertir a Demetrio en rey del imperio Seléucida. Alejandro se encontraba fuera del reino a causa de una rebelión en Creta. Al saber de las acciones de Ptolomeo, volvió para detener su avance. Pero Ptolomeo lo forzó a huir a Arabia. Allá, un personaje de nombre Zabdiel le cortó la cabeza a Alejandro y la envió a Ptolomeo. Tres días más tarde, Ptolomeo también fue asesinado, así como los soldados de sus guarniciones. Demetrio II se convirtió en rey en el verano de 145 a.C.

En Jerusalén Jonatán asediaba la Ciudadela con una tropa. Algunos de los "sin ley" que ahí se encontraban se presentaron ante Demetrio II para pedirle que les ayudara a vencer a Jonatán. En un acceso de ira, Demetrio le escribe pidiéndole que levante el cerco; pero Jonatán no lo hace y va a encontrarle a Tolemaida llevando regalos en oro, plata y vestidos. Extrañamente, Demetrio II se le muestra favorable y le confirma en sus privilegios. Además, respondiendo a una petición de Jonatán, le concede que Judea y Samaría queden libres del pago de impuestos. Viendo la paz que reinaba en Palestina, Demetrio despidió a muchos de sus soldados sin darles la debida paga. Esto le trajo muchas hostilidades.

Un hombre llamado Trifón, fiel a Alejandro, acogió las quejas de los soldados y comenzó a conspirar contra el rey. Convenció a Imalcué, guardián de Antíoco quien era el hijo de Alejandro, de que le entregara al muchacho para instalarlo como rey. Mientras tanto Jonatán envió un mensaje a Demetrio para pedirle que removiera sus tropas de la Ciudadela de Jerusalén y de otros lugares. Demetrio no respondió nada, pero le pidió un contingente de soldados para que le ayudara a luchar contra el pueblo rebelde. Así lo hace Jonatán y los judíos luchan con éxito. Demetrio inicialmente se les mostró favorable, pero posteriormente cambió de actitud y se mostró hostil a Jonatán.

Trifón volvió a Antioquía con Antíoco, hijo de Alejandro, y lo hizo rey con el apoyo del ejército de Demetrio que estaba disgustado con este por no haberle pagado su sueldo. El joven Antíoco confirmó a Jonatán en el Sumo Sacerdocio y le envió dones, y además hizo gobernador de la zona costera de Egipto a su hermano Simón. Al bajar con su hermano a sus dominios, ambos tuvieron que librar varias batallas de las que salieron victoriosos.

Lectio divina

Pasa de 8 a 10 minutos en contemplación silenciosa del siguiente pasaje:

La sección que el lector acaba de estudiar le podrá haber parecido pesada e incluso aburrida. En ella el autor sagrado narra una serie de episodios que involucran a Jonatán, pero también muestra cuán inestable era la situación política de los reinos alrededor de Israel, sobre todo, Siria. No debemos olvidar que nos estamos acercando cada vez más al tiempo del Nuevo Testamento. En todo este desarrollo podemos ir viendo cómo la historia se va preparando para la venida del Hijo de Dios en nuestra humanidad. La historia va tejiendo el ambiente cultural, político, económico y religioso, es decir, el contexto concreto y específico en el cual el Dios vivo quiso hacerse presente entre nosotros.

✠ ¿Qué más podemos aprender de este pasaje?

Día 2: Jonatán es capturado (12)

Con el fin de aliviar la presión bélica de los poderes extranjeros, Jonatán decide renovar la amistad de Judea con Roma y Esparta. Esta última, aunque en decadencia, aún podía reunir un ejército si se presentara la ocasión. Escogió a hombres de su confianza y los envió con cartas para la renovación de los pactos de amistad. En pocos versículos el autor refiere que la carta de amistad de Jonatán a Roma fue recibida con benevolencia. Del versículo 5 al 18 el autor refiere el contenido de la carta a los espartanos. En esta Jonatán (como Sumo Sacerdote), los ancianos, los sacerdotes y el pueblo judío saludan a los "hermanos espartanos". Jonatán recuerda que en tiempos del rey Areios, este había escrito al Sumo Sacerdote Onías, afirmando que judíos y espartanos eran hermanos. Dado que ya habían pasado muchos años desde aquel acuerdo y se encontraban en tiempos de turbulencia, los judíos decidieron renovar los acuerdos de amistad con ellos. La sección se concluye con una copia de la carta del rey Areios I (309-265 a.C.) al Sumo Sacerdote Onías (323-300 a.C.).

Jonatán es informado de que oficiales de Demetrio habían reunido un ejército más fuerte que el anterior y planeaban atacar a sus tropas. Con el intento de frenar la entrada de las fuerzas de Demetrio en Judea, Jonatán se dirigió al norte de Israel, a un lugar llamado Jamat, al noreste de su territorio. Cuando los dos ejércitos se encontraban cerca, Jonatán planeó un ataque; pero al parecer los soldados de Demetrio descubrieron el plan y huyeron. Cuando se presentaron para atacarlos, encontraron el campamento abandonado. Jonatán entonces cambió de dirección y dio batalla a unos árabes con éxito.

Mientras tanto, Simón, habiendo oído que la gente de Jope planeaba entregar la ciudad a un grupo que apoyaba a Demetrio, capturó a Jope y puso una guarnición en el lugar. Jonatán volvió entonces a Jerusalén para hacer más altas las murallas de la ciudad, protegiéndola así de los soldados enemigos que se encontraban en la Ciudadela. Trifón aspiraba a reinar en lugar de Antíoco; pero temiendo que Jonatán se le interpusiera haciéndole la guerra, decidió matarlo. Trifón lo engañó con una propuesta de paz y le tendió una emboscada. Lo invitó a acompañarlo a Tolemaida y ahí lo mató. Israel hizo gran duelo por Jonatán y corrió la voz de que el país estaba sin jefe entre las naciones circunvecinas. Estas naciones consideraron que esa era la oportunidad para atacar a Israel.

Lectio divina

Pasa de 8 a 10 minutos en contemplación silenciosa del siguiente pasaje:

Aunque Jonatán fue un valiente guerrero, su historia trata más bien de un hombre que procuraba siempre solucionar los conflictos de forma pacífica. De hecho, su muerte se debió a una traición cuando se dirigía a firmar un presunto tratado de paz con Trifón. "Bienaventurados los que trabajan por la paz, porque ellos serán llamados hijos de Dios" dirá Jesús (Mt 5:9). Los cristianos al ejemplo de nuestro maestro somos llamados a ser constructores de paz.

✠ ¿Qué más podemos aprender de este pasaje?

Día 3: Liderazgo de Simón (cap. 13)

Simón viajó a Jerusalén, cuando tuvo conocimiento de los planes de Trifón de atacar a Judea. Reunió al pueblo y le recordó las conquistas de sus hermanos y de su padre. Les dijo que estaba dispuesto a morir por la nación, al igual que ellos. Les habló también de los enemigos que se habían aliado para destruirles. Al oír sus palabras, el pueblo lo aceptó como su líder. Simón hizo que se acelerara el reforzamiento de las murallas iniciado por Jonatán y envió una tropa liderada por uno de sus hombres, también de nombre Jonatán, para reconquistar Jope y protegerla de Trifón. Sin embargo, Trifón lo tomó como rehén e hizo negociaciones con Simón a cambio de la vida de Jonatán, pero no tenía intención de cumplir con su parte.

Trifón intentó atacar más de una vez Jerusalén, pero Simón logró rechazarlo. De regreso a casa, Trifón ordenó la muerte de Jonatán y que lo enterrasen. Simón mandó a un grupo por los restos de Jonatán y lo enterró en Modín, ciudad de sus antepasados. Trifón mató al joven rey Antíoco y se hizo rey. Simón fortificó aún más sus baluartes y envió hombres al rey Demetrio para obtener la exención de los impuestos. Demetrio recibió con agrado sus regalos y le concedió la paz y lo que pedía, dándole derecho a conservar sus territorios. Era el año 141 a.C. Como resultado de todo esto, los documentos y registros de la época comenzaban con la frase, "En el año primero de Simón, gran Sumo Sacerdote, estratega y hegumeno de los judíos" (cf. 13:42).

Simón lideró un ataque a Gázara, una importante fortificación griega. La gente se rindió y pidió la paz. Simón aceptó, pero los expulsó de la ciudad, purificó las casas en las que había ídolos y estableció en ellas a personas observantes de la Ley. Reforzó la seguridad del lugar y construyó una residencia para sí.

La Ciudadela de Jerusalén seguía en manos del enemigo, pero estaba a punto de morir a causa del hambre y suplicaron la paz a Simón. Este se la concedió, pero los expulsó de ahí. Habiendo purificado la Ciudadela de todas sus impurezas, los judíos la volvieron a habitar. Tomaron posesión del lugar con cánticos e himnos de alabanza. Desde tiempos de Antíoco IV, la Ciudadela estaba al centro de los conflictos en Jerusalén. Dicha conquista fue de tal importancia, que Simón decretó una celebración anual para conmemorar aquel acontecimiento. Simón y su gente habitaron la Ciudadela cuya defensa también reforzó. Como ya le pesaban los años, Simón nombró a su hijo Juan Hircano (134-104 a.C.) como jefe del ejército en Gázara.

Lectio divina

Pasa de 8 a 10 minutos en contemplación silenciosa del siguiente pasaje:

La Ciudadela solo pudo ser conquistada cuando Simón Macabeo gobernó al pueblo de Israel. La historia de la familia Macabea nos muestra que, en los misteriosos caminos de la Providencia, las grandes obras no se hacen en un solo momento ni las hace una sola persona. Estas son fruto de un esfuerzo en conjunto, que se desarrolla gradualmente, en medio de conflictos y desajustes de la historia humana. Se completan con la colaboración, consciente o inconsciente, de muchos.

✠   ¿Qué más podemos aprender de este pasaje?

Día 4: Elogio de Simón (14)

El capítulo 14 se abre informándonos que el rey Demetrio II, en el año 140 a.C. había sido hecho prisionero por el rey Arsaces de Media y Persia. A continuación, como lo hizo para Judas, el autor teje un elogio a Simón Macabeo. Este habla de la paz que Simón conquistó para la tierra de Israel, para el Santuario y para los territorios que conquistó (14:4-15).

Pero la obra de Simón sigue y su alabanza también. La muerte de Jonatán fue recibida con dolor por romanos y espartanos. Al saber de Simón como nuevo Sumo Sacerdote, enviaron cartas para renovar la alianza y amistad que habían tenido con sus hermanos Judas y Jonatán. Simón envió entonces embajadores a Roma con un escudo de oro confirmando la amistad. Sobre columnas del monte Sion, el pueblo de Judea colgó placas de bronce en reconocimiento y gratitud a Simón y sus hermanos, por haberles conquistado de nuevo la libertad. El autor refiere el contenido del reconocimiento hecho a Jonatán y a Simón (vv.25-37).

El rey Demetrio oyó hablar de la renovación de la alianza de paz con los romanos y de la benevolencia manifestada por Roma a Simón. Supo además que los sacerdotes y el pueblo habían reconocido a Simón como Sumo Sacerdote, líder y estratega "hasta que apareciera un profeta digno de fe" (v.41). Ante esto, el rey se vio prácticamente obligado a dar el reconocimiento real a la elección de Simón como Sumo Sacerdote, pues Judea era todavía en este periodo reino vasallo de Siria. Así mismo, considerando el apoyo que Roma le daba, lo alagó con títulos y honores.

Simón aceptó el papel de Sumo Sacerdote y jefe que el pueblo y los sacerdotes le habían conferido. Dicha proclamación fue hecha oficial en un documento escrito, que fue grabado en placas de bronce y colgado en un recinto del Templo, en un lugar visible.

Lectio divina

Pasa de 8 a 10 minutos en contemplación silenciosa del siguiente pasaje:

Simón y sus hermanos lucharon por la fidelidad a la ley de Dios y a su Alianza. Buscaron la autonomía y libertad de sus hermanos en la fe. Obraron movidos por su celo y los dictámenes de su conciencia, seguramente sin percatarse de la transcendencia de sus acciones. Estas fueron reconocidas por los sacerdotes, el rey y el pueblo con condecoraciones y honores públicos. No solo. La noticia de su obra ha seguido difundiéndose a lo largo de los siglos hasta nuestros días. "Por tanto, mientras tengamos oportunidad, hagamos el bien a todos, pero especialmente a nuestros hermanos en la fe" (Gál 6:10).

✠   ¿Qué más podemos aprender de este pasaje?

Día 5: Antíoco VII (15—16)

Antíoco VII, hijo de Demetrio, envió una carta a Simón y a la nación judía, informándoles que quería recuperar la parte de su imperio robada por Trifón. Renovó el acuerdo de paz que su padre tenía con los judíos, autorizó a Jerusalén acuñar su propia moneda y conservar todas sus armas; además, canceló todas las deudas que esta había contraído con el tesoro real. El año 138 a.C. invadió la tierra de sus antepasados y forzó a Trifón a huir por vía marítima. Trifón entonces vino a establecerse en Dora, una fortaleza en la costa Palestina. Antíoco cercó la ciudad por tierra y mar. Mientras tanto, Roma envió cartas a muchos reinos y naciones, informando de su alianza de paz con Simón y el pueblo judío, con todo lo que esto significaba.

Simón envió a Dora tropas, ayuda económica y equipos como ayuda a Antíoco en su asalto a la ciudad; pero Antíoco los rechazó, rompiendo su pacto de amistad con Simón. En rey envió a uno de sus hombres de confianza a hablar con Simón. Este lo acusó, de parte del rey, de haberse apoderado de de ciudades que le pertenecían a él, esto es, de Jope, Gázara y la Ciudadela de Jerusalén. El rey exigía que le fueran devueltas esas ciudades o que se le entregara una elevada cantidad de plata, de lo contrario declararía la guerra. La negativa de Simón (cf. 15:32-35) hizo que el rey montara en cólera.

En Dora, Trifón logró huir por mar. Antíoco entonces reconstruyó Cedrón la cual se encontraba cerca de Gázara, esta última gobernada por Juan Hircano, hijo de Simón. Trifón nombró a un hombre de su confianza como gobernador del lugar. Su intención era hacer guerra a la gente de Judea. Y así actuó, dando muerte a muchos del pueblo en varios de sus asaltos.

En el capítulo 16, Juan Hircano deja Gázara y viene a donde su padre para informarle de todo lo que estaba haciendo Cendebeo (ese era el nombre del gobernador sirio nombrado por Antíoco). Simón entonces, llamando a sus dos hijos más grandes, Judas y Juan, les recordó como él, su padre y sus hermanos, habían luchado con éxito por Israel desde su juventud. Dado que ya era anciano, Simón envía entonces a sus hijos a luchar por la nación, suplicando la ayuda del cielo para ellos. Juan lideró la tropa contra Cendebeo. Aunque la batalla fue cerrada y Judas quedó herido en ella, lograron salir victoriosos, dando muerte a muchos de los enemigos. Volvieron entonces a Judea.

Ptolomeo, yerno de Simón, había sido nombrado gobernador de la planicie de Jericó y había logrado reunir una cantidad de oro y plata. Este organizó una conspiración para matar a Simón y a sus hijos, de forma que pudiese él tomar el control del país. En 134 a.C., Simón y sus hijos, Matatías y Judas, fueron a Jericó, donde fueron recibidos de manera cordial, pero engañosa. Cuando Simón y sus hijos se encontraban bajo los efectos del vino, Ptolomeo y sus hombres los mataron junto con algunos de sus criados.

Ptolomeo escribió a Antíoco para que le diera reconocimientos de su autoridad sobre el país. A continuación envió hombres para matar a Juan en Gázara, planeando sobornar a los oficiales de Juan. Este logró saber a tiempo de la muerte de su padre y hermanos, así como del peligro que corría. Cuando llegaron los hombres de Ptolomeo, Juan los capturó y les dio muerte.

Con este episodio se concluye la historia de 1 Macabeos. La última anotación del autor refiere que Juan Hircano realizó varias empresas en favor de su pueblo y fue nombrado Sumo Sacerdote como sucesor de su padre.

Lectio divina

Pasa de 8 a 10 minutos en contemplación silenciosa del siguiente pasaje:

Los memorables hechos de la familia de los Macabeos se desarrollaron en un agitado momento histórico del antiguo Medio Oriente. A pesar de los intentos de paz, las luchas de poder entre las potencias dominantes generaron una constante inestabilidad en la pequeña, pero crucial tierra de la Palestina. Pero, como dice el refrán, "Dios escribe recto en renglones torcidos". Gracias al liderazgo de una familia de fe, todo Israel se benefició enormemente.

✠ ¿Qué más podemos aprender de este pasaje?

Preguntas de repaso

1. ¿Por qué Demetrio y Alejandro buscaron el apoyo de Jonatán?
2. ¿Quién fue Trifón y qué hizo en la historia de 1 Macabeos?
3. ¿Cuáles fueron las conquistas de Simón Macabeo?

Segundo libro de los Macabeos

2 MACABEOS 1—15

Después de haber reunido entre sus hombres cerca de dos mil dracmas, las mandó a Jerusalén para ofrecer un sacrificio por el pecado, obrando muy hermosa y noblemente, pensando en la resurrección. Pues de no esperar que los soldados caídos resucitarían, habría sido superfluo y necio rogar por los muertos (12:43-44).

Oración inicial (ver página 14)

Contexto

Parte 1: 2 Macabeos (1—2) Los capítulos iniciales del libro presentan dos cartas enviadas por los judíos de Jerusalén a los judíos de Egipto, urgiéndoles a celebrar la fiesta de Hannukah. El autor declara estar resumiendo una obra de cinco volúmenes, escrita por Jasón en el África septentrional. De esa obra ya no se conservan copias.

Parte 2: 2 Macabeos (3—15) La justificación histórica de la fiesta de Hannukah constituye la parte central del libro, esto es, la gloria del Templo y el heroísmo de los que permanecieron fieles a Dios en tiempos de persecución. La obra habla de la vida después de la muerte y de la noble práctica de ofrecer sufragios por los difuntos.

PARTE 1: ESTUDIO EN GRUPO (2 MAC 1—2)

Leer en voz alta 2 Macabeos 1—2.

1:1—2:18 Cartas a los judíos de Egipto

Al empezar nuestro estudio del segundo libro de los Macabeos, es importante recordar que este no es una continuación de la historia que encontramos en el primer libro, el cual se concluyó con el nombramiento de Juan Hircano como Sumo Sacerdote. La obra, seguramente de un autor diverso y que desconocía el primer libro, es una reflexión teológica sobre el periodo dominado por la figura de Judas Macabeo. Su teología se centra en temas que conciernen al Templo y a la intervención de Dios en la historia de los judíos, especialmente la ayuda que brindó a Judas Macabeo en sus batallas. La obra se limita al tiempo de la persecución de Antíoco IV Epífanes.

Una primera carta que los judíos de Jerusalén envían a la numerosa comunidad judía de Egipto (cf. 1:1-9), abre la narración del Segundo libro de los Macabeos. El saludo inicial desea las bendiciones de Dios a los hermanos de Egipto. La evocación de los patriarcas Abrahán, Isaac y Jacob recuerda el tema de la Alianza y todos son invitados a la fidelidad a Dios. Les aseguran sus oraciones y les invitan a celebrar la fiesta de las tiendas en el mes de Quisleu. El autor también menciona una carta anterior que les habían enviado en el año 143 a.C., durante el reino de Demetrio, sobre la rebelión del Sumo Sacerdote Jasón y sus seguidores.

A continuación se habla de una segunda carta, más amplia y detallada, que "los que están en Jerusalén y en Judea, los ancianos y Judas" enviaron a un tal Aristóbulo, del cual el autor dice haber sido preceptor del rey Tolomeo, y a los hermanos de Egipto (cf. 2 Mac 1:10-2:18). En el párrafo introductorio (vv.11-17) agradecen a Dios por haberlos librado del yugo de Antíoco Epífanes con la muerte de este. La muerte sucedió de la siguiente manera: habiendo intentado apoderarse de los tesoros del templo de Nanea en Persia, fue aplastado por piedras que le cayeron desde el techo; las piedras las arrojaron los sacerdotes de la diosa. Una vez muerto, estos lo descuartizaron, le cortaron la cabeza y la enviaron a los hombres de Antíoco que se encontraban fuera del templo.

Acercándose el día 25 de Quisleu, los hermanos de Jerusalén les informan que van a celebrar la fiesta de la dedicación del Templo (Hannukah) y los animan a que ellos, por su parte, celebren la Fiesta de las Tiendas. La sección que sigue (vv. 18-36) recuerda la historia legendaria del fuego del altar en tiempos de Nehemías. Antes de salir para su destierro en Babilonia, los sacerdotes piadosos tomaron el fuego sagrado del altar, el cual había sido encendido por Dios, y lo escondieron en un pozo seco. Al regreso del exilio, Nehemías mandó buscar el fuego sagrado, pero no encontraron más que un líquido espeso. Habiendo preparado el altar para los sacrificios, Nehemías mandó a los sacerdotes que rociaran con ese líquido la leña para el holocausto. Pasado cierto tiempo, el sol volvió a brillar, pues estaba nublado, y del líquido nació una gran llama que maravilló a todos. Mientras se consumía el sacrificio, los sacerdotes elevaban fervientes oraciones y Nehemías y el pueblo las respondían.

La siguiente sección, que empieza en el capítulo 2, se abre narrando una tradición según la cual Jeremías habría dicho a los exiliados que se llevaran consigo el fuego sagrado, que no se olvidaran de las leyes del Señor y que no se dejaran impresionar por las riquezas del enemigo. Jeremías habría ordenado también que el Arca de la Alianza le acompañase al exilio; pero que al ir a rezar al monte de Dios, habiendo encontrado una gruta, decidió esconder ahí los tesoros sagrados; después cerró la gruta con una piedra. Nadie sabría de ese lugar hasta que Dios volviera a reunir a su pueblo. En realidad, Jeremías nunca fue llevado cautivo a Babilonia.

A continuación se hace mención del fuego venido del cielo para consumir las ofrendas que Salomón presentó a Dios en su tiempo, durante la dedicación del Primer Templo, repitiendo un gesto realizado por Moisés (cf. 2 Cr 7:1; Lv 9:23-24); también se habla de una biblioteca fundada por Nehemías que contenía escritos de los profetas y de David, entre otros. Se concluye con la invitación a celebrar la fiesta de la Dedicación, la cual ensalza la salvación de Dios.

2:19—32 Prólogo del autor

A las dos cartas que abren el libro el autor añade un prólogo. En este, de una forma sencilla y jovial, expone el argumento y finalidad del texto y la metodología que utilizó para componerla. La obra trata de la historia de Judas Macabeo y sus hermanos, la purificación del Templo, sus guerras contra Antíoco y las manifestaciones celestiales en favor de los que "combatieron viril y gloriosamente por el Judaísmo" (cf. 2:20). La obra es un resumen de la obra en cinco volúmenes de Jasón de Cirene y trata de hacer una exposición amena, concisa y atractiva al lector, facilitando su comprensión y esperando que sirva para su edificación.

Preguntas de repaso

1. ¿Qué es la fiesta de Hannukah?
2. ¿Cuál es la historia del fuego sagrado?
3. Según el autor, ¿cuál es la tarea del historiador y cuál ha sido la suya al componer su obra?

Oración final (ver página 15)

Hacer la oración final ahora o después de la Lectio divina

Lectio divina (ver página 8)

Relájate y mantén una postura de oración (espalda recta, ojos cerrados, pies apoyados en el suelo). Este ejercicio puede durar cuanto gustes, pero en el contexto de este estudio bíblico, de 10 a 20 minutos deberían ser suficientes.

Las meditaciones que siguen se ofrecen para ayudar a los participantes a usar esta forma de oración, pero hay que considerar que la *Lectio* está pensada para conducirlos a un ambiente de contemplación orante, donde la Palabra de Dios habla al corazón de quien la escucha (ve la página 8 para más instrucciones).

Cartas a los judíos de Egipto (1:1—2:18)

Los judíos, que vivían esparcidos en diversos lugares, mantenían su unión en la fe, celebrando puntualmente sus principales fiestas religiosas. Del mismo en la Iglesia Católica, la celebración de las diversas fiestas a lo largo del año litúrgico une espiritualmente a todos los cristianos esparcidos por el mundo. En ellas recordamos los principales acontecimientos de nuestra fe y transmitimos el testimonio de nuestros hermanos que fueron fieles al Evangelio de Cristo y que se nos presentan como modelos a seguir. Estos modelos son los santos.

✠ ¿Qué más podemos aprender de este pasaje?

Prólogo del autor (2:19—32)

El prólogo del autor nos habla de la forma en que Dios actúa en la historia humana. La Biblia vino del cielo, en cuanto Palabra de Dios inspirada por el Espíritu Santo. Siguiendo la lógica de la Encarnación, la Palabra del Dios infinitamente sabio llegó a nosotros a través de la limitada palabra de los hombres, respetando contextos históricos específicos. Respetó la palabra humana en sus capacidades y limitaciones concretas. Por esto es tan importante, para comprender la Escritura, familiarizarse con las formas de expresión utilizadas por los diversos autores para transmitir sus ideas. A través de esas ideas, Dios nos entrega el don de su Palabra.

⌘ ¿Qué más podemos aprender de este pasaje?

PARTE 2: ESTUDIO INDIVIDUAL (2 MAC 3-15)

Día1: Influencia del Sumo Sacerdote en Judea (3-5)

En el capítulo 3 el autor narrará la historia de Heliodoro. Debido a la piedad de Onías III, Sumo Sacerdote de 196 a 175 a.C., el rey se había prodigado en regalos para el Templo. Seleuco IV, rey de Asia (187-175 a.C.), había exentado de impuestos todo lo necesario para la liturgia de los sacrificios. En Jerusalén, un hombre de nombre Simón, que pertenecía a la familia sacerdotal de Bilgá (cf. 1 Cr 24:14) cumplía con las funciones de superintendente del Templo. Simón tenía ciertas diferencias con Onías sobre la administración del mercado público y se presentó ante un oficial real de nombre Apolonio para informarle que en el Templo se conservaba una gran suma de dinero. Ese dinero no había pagado impuestos al rey y, si el oficial lo quería, ese dinero podía pasar a manos del rey. Aquí es importante tener presente que en este período el gobierno de la ciudad se encontraba en manos de los sumos sacerdotes, pues ya no existía la monarquía en Israel.

Al ser informado de esto, el rey envió a Jerusalén a uno de sus ministros llamado Heliodoro, para apoderarse del dinero. Onías recibió cordialmente a Heliodoro y le explicó que dichos fondos eran para ayudar a los huérfanos y a las viudas, perteneciendo parte del mismo a un tal Hircano, que ocupaba una posición de gran honor en Jerusalén. Además, dicha suma no era tan alta como se le había informado al rey. Y añadió: él jamás profanaría un lugar santo de tanta fama.

A pesar de ello, Heliodoro decidió apoderarse del dinero, pues tenía órdenes del rey de hacerlo así. El pueblo se estremeció; el Sumo Sacerdote, también. Y todos comenzaron a rogar al Señor que protegiera los bienes del Templo. Al acercarse al tesoro del Templo, Heliodoro y sus hombres tuvieron una visión terrible: un jinete montado a caballo con un riquísimo arnés. El caballo levantó sus patas delanteras y las guardias de Heliodoro desfallecieron. Aparecieron también dos jóvenes de notable vigor y espléndida belleza, con azotes en sus manos. Poniéndose a lado de Heliodoro, lo azotaban sin cesar hasta que perdió el conocimiento. Lo sacaron del recinto del tesoro, inerte y sobre una litera.

Al ver lo sucedido, la angustia del pueblo se convirtió alegría. Los hombres de Heliodoro suplicaron al Sumo Sacerdote que rezase al Altísimo para que salvara a su jefe, pues estaba a punto de morir. Onías, temiendo que el rey culpase a los judíos por la suerte de Heliodoro, ofreció un sacrificio por él. Mientras ofrecía el sacrificio, el mismo Heliodoro vio de nuevo a los dos hombres que lo habían flagelado informándole que el Señor había conservado su vida gracias al sacrificio de Onías. A pesar de ello, el castigo que había recibido manifestaba el poder del Dios.

Heliodoro entonces ofreció un sacrificio y oraciones al Señor por haber recobrado su vida, se despidió de Onías y volvió con sus tropas a donde estaba el rey. Heliodoro narró al rey y a su corte todo lo sucedido, afirmando que una fuerza especial, que provenía del cielo, rodeaba al lugar y que todo aquel que se acercaba con malas intenciones era herido de muerte.

El capítulo 4 sigue narrando la perversidad de Simón, el cual además de calumniar a Onías sobre el caso de Heliodoro, incitó a Apolonio a unírsele en sus maquinaciones. Onías quería pedir ayuda al rey; pero antes de hacerlo, muere Seleuco y sube al trono su hermano Antíoco IV. Jasón, hermano de Onías, le promete al rey una gran suma de dinero por el oficio de Sumo Sacerdote y por la construcción de un gimnasio en Jerusalén. Jasón era un admirador de la cultura griega. Con esto abría las puertas para que se introdujeran en Jerusalén las costumbres paganas. Jasón había abandonado las prácticas del judaísmo y se había adherido a las costumbres paganas. El autor describe con una gran riqueza de detalles las diversas prácticas y costumbres que Jasón hizo introducir en Jerusalén, a través del Gimnasio que el rey mandó construir en la Ciudadela (cf. 4:7-20). Jasón y sus seguidores del pueblo recibieron efusivamente a Antíoco IV a su paso por Jerusalén.

Tres años más tarde, Jasón envió a un hombre de nombre Menelao a negociar con el rey algunos asuntos urgentes. Este, aprovechándose de la circunstancia, ofreció al rey una alta suma de dinero, superior a la de Jasón, por el cargo de Sumo Sacerdote y volvió a Judea con este nombramiento real. Menelao ejerció sus funciones en el sumo sacerdocio como si fuera un "cruel tirano y una bestia salvaje" (cf. 4:25). Jasón se vio forzado a huir. Como era de esperar, Menelao no pagó la suma acordada y el rey lo llamó para pedirle cuentas. En su ausencia, dejó a cargo del sumo sacerdocio a su hermano Lisímaco.

Mientras tanto, hubo una rebelión en el reino y el rey tuvo que salir de prisa para poner orden. Dejó en su lugar a un tal Andrónico, al cual Menelao, habiendo robado del tesoro del Templo, sobornó para que matara a Onías (4:30-38). Onías se había percatado del robo y lo dio a conocer. Andrónico se presenta donde Onías y lo mata. Una vez que el rey regresó a su ciudad, varias gentes del pueblo se presentaron ante él para denunciar la muerte injusta de Onías. Antíoco lamentó su muerte porque era un hombre justo y sentenció a muerte a Andrónico. Lisímaco, que había perpetrado muchos "robos sacrílegos en la ciudad" (4:39) es muerto junto al tesoro del Templo, al intentar controlar la revuelta de la muchedumbre a causa de sus malas acciones. Menelao, por su parte, logró el favor del rey y permaneció en el poder.

Antíoco IV intenta una segunda invasión a Egipto (cap. 5). Por aquellos días, la gente de Jerusalén tuvo visiones de jinetes que cabalgaban por el aire y suplicaron a Dios que fuera un presagio de bien. Se difundió un falso rumor de que Antíoco había muerto y de que Jasón iba a aprovechar la oportunidad para atacar Jerusalén (5:5-14). A pesar de haber causado muchas muertes, Jasón finalmente se ve obligado a huir y muere poco después. Al saber del hecho, el rey ataca la ciudad a su regreso de Egipto y, guiado por Menelao, saquea el Templo. El capítulo termina haciendo referencia a Judas Macabeo y la formación de su bando (cf. 1 Mac 1:29:37).

Lectio divina

Pasa de 8 a 10 minutos en contemplación silenciosa del siguiente pasaje:

Los capítulos anteriores subrayan el ambiente tan agitado en que vivía la clase sacerdotal judía durante el siglo II a.C. y las luchas que se dieron por el sumo sacerdocio. Hubo personas que se entregaron a esta función de manera sincera y desinteresada; pero hubo otros que sucumbieron a la seducción del poder y del prestigio que implicaba dicho cargo. Su sed de poder los llevó a engaños, traiciones y asesinatos. La historia enseña que el "trono y el altar", esto es, el poder religioso y el poder político, deben ser realidades autónomas, dedicadas cada una a su propia misión. Si en algo pueden y deben converger es en el servicio al pueblo.

✠ ¿Qué más podemos aprender de este pasaje?

Día 2: Martirio de Eleazar y de una madre con sus siete hijos (6-7)

Antíoco IV desencadenó una áspera persecución contra los judíos, intentando imponer la cultura y religión griega. Envió a un ateniense de nombre Geronta para obligar a los judíos a abandonar sus costumbres y a dejar de vivir según las leyes de Dios. El templo de Jerusalén y el templo del monte Garizín, erigido por los samaritanos, fueron dedicados a Zeus. El Templo estaba lleno de desórdenes y orgias, contando incluso con prostitutas sagradas, como era costumbre en los templos paganos. Sobre el altar se ofrecían victimas prohibidas por la Ley. No se podía celebrar el sábado y otras tradiciones del judaísmo bajo pena de muerte. Los judíos eran obligados con violencia a tomar parte en las celebraciones paganas. Dos mujeres fueron delatadas por haber circuncidado a sus hijos, siendo arrojadas de la muralla junto a sus hijos a la vista de todos.

En los versículos 12 al 17, el autor ofrece una interpretación teológica del período que el pueblo estaba viviendo. El autor considera las desgracias como una "educación de nuestra raza" (v.12). Dios juzga siempre a las naciones que siguen un camino de pecado y nunca abandona a su pueblo, incluso cuando le sobreviene alguna desgracia.

Retomando el hilo de la narración, el autor narra la historia de un anciano, escriba judío, de nombre Eleazar (vv.18-31). Después de obligarle a tomar carne de cerdo en un banquete sagrado, escupió la carne prohibida. Algunos le sugirieron que si solo simulaba que había comido la carne del sacrificio, podría salvar su vida. Pero él, "tomando una noble resolución digna de su edad, de la prestancia de su ancianidad, de sus experimentadas y ejemplares canas, de su inmejorable proceder desde niño y, sobre todo, de la legislación santa dada por Dios, se mostró consecuente consigo diciendo que se le mandara pronto al Hades" (v. 23). Eleazar tenía noventa años. Mostrándose digno de su ancianidad y justamente responsable por el testimonio que recibirían las jóvenes generaciones por su decisión, aceptó el suplicio antes que traicionar a Dios. Y fue condenado al suplicio de la flagelación. Murió con estas hermosas palabras en sus labios: "El Señor, que posee la ciencia santa, sabe bien que, pudiendo librarme de la muerte, soporto flagelado en mi cuerpo recios dolores, pero en mi alma los sufro con gusto por temor de él" (v. 30).

En el capítulo 7 el autor presenta la historia de una madre y sus siete hijos que fueron severamente castigados y murieron uno después del otro por su fidelidad a la ley de Dios. El rey también los quiso forzar a comer carne de cerdo del banquete sacrificial. Uno por uno, ante las autoridades reales, prefirieron la muerte con fortaleza sobrehumana, antes que violar la ley de Dios.

Al primero de los hijos, que habló contra el mandato del rey, le fue cortada la lengua y mutilado en sus miembros. Todavía vivo, el rey ordenó que lo quemaran en un gran sartén, frente a su madre y hermanos. El suplicio del primer muchacho solo animó a los demás a ser generosos.

Con el segundo hijo se procedió de manera semejante. Antes de morir, le dijo al rey que aunque este le quitaba la vida terrena, el Rey del mundo lo resucitaría para la vida eterna por haber sido fiel a sus leyes.

El tercer muchacho se adelantó incluso a ofrecer la lengua y tendió las manos, diciendo con valentía que esos miembros, los cuales poseía por don del cielo, confiaba recuperarlos más tarde por su fidelidad a Dios. El rey se admiró del valor de aquel muchacho que no temía los dolores que le esperaban. Y así sucesivamente el cuarto, el quinto y el sexto hijo se entregaron a la muerte reafirmando su esperanza en la resurrección. Sin embargo, la admiración del rey pronto se transformó en ira y al último de los hermanos le tocó una tortura todavía más severa. Intentaron seducirlo ofreciéndole riquezas y bienestar, si abandonaba las leyes de sus antepasados. Pero no cedió. Ordenaron incluso a la madre que lo persuadiera para que salvara la vida; pero esta, hablando en su propia lengua, dijo estas impresionantes palabras: "Hijo, ten compasión de mí que te llevé en el seno por nueve meses, te amamanté por tres años, te crié y te eduqué hasta la edad que tienes (y te alimenté). Te ruego, hijo, que mires al cielo y a la tierra y, al ver todo lo que hay en ellos, sepas que a partir de la nada lo hizo Dios y que también el género humano ha llegado así a la existencia. No temas a este verdugo, antes bien, mostrándote digno de tus hermanos, acepta la muerte, para que vuelva yo a encontrarte con tus hermanos en la misericordia" (7:27-29).

Así, en el trascurso de un día, la madre vio morir a sus siete hijos. A todos los animó a permanecer fieles a Dios. Y todos, uno por uno, expresaron su fe y seguridad en la resurrección de los muertos y la vida eterna. Finalmente, la madre también fue ajusticiada, después de advertir al rey que un severo castigo del cielo le esperaba por sus malas acciones.

Lectio divina

Pasa de 8 a 10 minutos en contemplación silenciosa del siguiente pasaje:

La historia de Eleazar, así como la de la madre y sus siete hijos, es un impresionante testimonio de fortaleza en la fe y de fidelidad a Dios. Quizás, en un primer momento, podemos pensar que no era algo tan grave comer un trozo de carne de cerdo asado en un altar pagano. Sin embargo, la gravedad de la acción no dependía tanto del aspecto material del acto, sino por ser este una violación de la Alianza con Dios. Dos siglos más tarde, los cristianos también serían probados en su fidelidad a Cristo y solo se les pedía que quemaran unos cuantos granos de incienso en honor del emperador. La gran fidelidad, la que abarca toda la vida, se teje con las pequeñas fidelidades de cada día.

✠   ¿Qué más podemos aprender de este pasaje?

Día 3: Victorias de Judas y purificación del Templo (8—10:9)

En el capítulo 8, el autor retoma la historia de Judas Macabeo que había introducido en 5:27. La historia de Judas en el Segundo libro de los Macabeos presenta algunas campañas del macabeo que encontramos también en el primer libro. El hilo de la narración comienza presentándonos a Judas recorriendo de incógnito los poblados y alistando a judíos fieles para formar su batallón, el cual llegó a contar con 6,000 hombres. Hermosa y emotiva es la anotación del autor sobre el espíritu de fe que animaba a Judas y a su grupo: "Rogaban al Señor que mirara por aquel pueblo que todos pisoteaban; que tuviera piedad del santuario profanado por los hombres impíos; que se compadeciera de la ciudad destruida y a punto de ser arrasada, y que escuchara las voces de la sangre que clamaba a él; que se acordara de la inicua matanza de niños inocentes y de las blasfemias proferidas contra su nombre, y que mostrara su odio al mal" (8:2-4). La fama del valor de Judas se extendía por todas partes.

Un tal Filipo escribió a Ptolomeo gobernador de Celesiria y Fenicia, región que incluía a la Palestina, para que "viniera en ayuda de los intereses del rey" (8:8). Ptolomeo entonces designa a unos de sus hombres de confianza de nombre Nicanor, juntamente con un experimentado general de nombre Gorgias, "para exterminar la raza entera de Judea" (8:9). Nicanor planeaba saldar la enorme deuda que el rey tenía con Roma vendiendo a judíos como esclavos. Judas, reuniendo a sus hombres, los exhortó a no dejarse amedrentar por el enemigo. Les animó a confiar en Dios y a dar la batalla. Sus palabras recuerdan a las de David ante Goliat (cf. 2 Mac 8:18; 1 Sam 17:45). Además, enumeró los auxilios celestiales a sus antecesores, recordándoles especialmente el episodio del ángel que vino en auxilio de Israel contra el rey Senaquerib (cf. 2 Re 19:35-36). Judas dividió sus tropas poniendo a sus hermanos Simón, José y Jonatán al frente de cada cuerpo. Él mismo, al frente del primer grupo, dirigió la batalla contra Nicanor. "Al ponerse el Todopoderoso de su parte en la lucha" (v.24), Judas y su bando vencieron en todas las batallas, tomando despojos. Parte de esos despojos los repartieron entre los que habían sufrido la persecución, las viudas y los huérfanos. Habiendo vencido Judas también a las tropas de Timoteo y Báquides (8:30-33), procedió de la misma manera. Humillado en sus intentos, Nicanor vuelve a Antioquía con grandes dificultades, proclamando "que los judíos tenían a Alguien que los defendía y que los judíos eran invulnerables por el hecho de que seguían las leyes prescritas por Aquél" (8:36).

En el capítulo 9, el autor narra de modo detallado la muerte de Antíoco IV. Estando en las regiones de Persia, Antíoco tuvo que salir con prisa de allá por haber intentado saquear el santuario de Persépolis y por oprimir a la población. Ante esto, el pueblo tomó las armas y lo puso vergonzosamente en fuga. Al llegar en Ecbátana, recibió la noticia de las derrotas sufridas en Judea por Nicanor y Timoteo. Entonces, decidió dirigir las tropas él mismo contra los judíos. "En cuanto llegue a Jerusalén, haré de la ciudad una fosa común de judíos", había dicho con altivez (9:4).

Pero apenas pronunció la frase, sintió un agudo dolor en sus entrañas y cayó gravemente enfermo. Este hecho es interpretado por el autor sagrado como un castigo del Señor Dios de Israel. Aun en medio de sus dolores, no cesó en su arrogancia. Más tarde, mientras viajaba en su carro a toda velocidad de camino a Jerusalén, cayó del mismo descoyuntando su cuerpo. En medio de sus atroces dolores, tuvo que reconocer: "Justo es estar sumiso a Dios y que un mortal no pretenda igualarse a la divinidad" (9:12) y escribió a los judíos para informarles que nombraba a su hijo Antíoco como su sucesor (9:18-27). Antíoco murió en medio de muchos dolores en torno al tiempo de la purificación del Templo en 164 a.C. Su hijo Antíoco recibió el sobrenombre de Eupátor, que significa, "[hijo] de buen padre".

Al comienzo del capítulo 10 (vv.1-8), Judas toma control de Jerusalén y del Templo, destruyendo los altares extranjeros y realizando todo lo necesario para purificarlo y hacer su dedicación. Celebraron el reinicio del culto en el templo del Señor en Jerusalén el día 25 de Quisleu. Festejaron el acontecimiento durante ocho días, como la fiesta de las Tiendas. Por "publico decreto y voto", anota el autor, determinaron que todos los años se celebrara dicho acontecimiento, el cual dio origen a la fiesta de la dedicación o Hannukah que los judíos celebran hasta nuestros días (cf. 1 Mac 4:36-61).

Lectio divina

Pasa de 8 a 10 minutos en contemplación silenciosa del siguiente pasaje:

Una vez realizada la purificación del Templo, Judas, sus hombres, el pueblo y los sacerdotes rogaron al Señor para que no permitiese otra vez desgracias como la profanación del Templo y lo cultos paganos en su recinto. Le pidieron que, si pecaban alguna vez, los corrigiese con benignidad (cf. 2 Mac 10:4). "¡Dichosa la persona a quien Dios corrige", dice Job (5:17). En nuestra oración debemos pedir siempre a Dios que tenga misericordia de nosotros. Expresión de esta misericordia divina son las pruebas y las lecciones que aprendemos a través de las dificultades que el Señor permite en nuestro camino. Estas nos ayudan a purificar nuestro corazón y a convertirnos siempre más a Él.

✠ ¿Qué más podemos aprender de este pasaje?

Día 4: Persecución renovada (10:10—12:46)

Antíoco V reina en lugar de su padre. Lisias es nombrado gobernador de las provincias de Celesiria y Fenicia (cf. 1 Mac 6:17). Los idumeos hostigaban a los judíos. Judas y su ejército suplicaron al Señor y les presentaron batalla, matando a muchos y forzando la retirada de otros tantos. Estos se refugiaron en dos torres. Dos hermanos macabeos –Simón y José– y otro judío de nombre Zacarías fueron asignados para pelear contra los refugiados. Durante el cerco, los hombres de Simón aceptaron un soborno y dejaron escapar a un gran número de idumeos. Al saber lo ocurrido, Judas regresó, ordenó la muerte de los traidores y dio muerte a los restantes idumeos.

Timoteo, que en otra batalla había sido derrotado por los judíos, juntó un nuevo ejército y marchó contra Judas. Postrándose ante el altar de Dios, el Macabeo y sus hombres suplicaron a Dios que les fuese propicio. En el momento más intenso de la batalla, aparecieron en el cielo cinco caballeros que se interpusieron entre los hombres de Judas y el ejército de Timoteo. Estos hicieron a Judas invulnerable y causaron con el fulgor de sus saetas y rayos que el ejército enemigo se dispersara. Timoteo huyó a la fortaleza de Gázara. Durante cuatro días el Macabeo y su bando sitiaron la fortaleza, hasta que al quinto día lograron expugnarla. Dieron muerte a cuantos encontraron y a Timoteo, el cual se había escondido en una cisterna.

Poco tiempo después (capítulo 11), Lisias, contrariado por lo sucedido, decidió lanzar un nuevo ataque contra los judíos. "No tenía en cuenta el absoluto poder de Dios" (v.4). "Habiendo implorado al Señor con gemidos y lágrimas" para que les enviara un ángel bueno que salvara a Israel, Judas y sus hombres salieron al encuentro del ejército enemigo. En las cercanías de Jerusalén, un misterioso jinete vestido de blanco que empuñaba una espada de oro, se les une infundiéndoles gran valor. "Se lanzaron como leones sobre el enemigo" (v.11), abatieron a muchos y obligaron a huir a los demás. Lisias logró escapar.

Al darse cuenta Lisias que los judíos tenían a Dios como su aliado, les propone hacer las paces. Judas acepta. El resto del capítulo 11 nos informa del contenido de cuatro cartas: una de Lisias a los judíos, una de Antíoco a Lisias, una de Antíoco a los judíos y otra de los romanos diciendo que estaban de acuerdo con la propuesta de Lisias. El tema principal de las mismas es la libertad de los judíos para vivir según sus leyes y costumbres.

En el capítulo 12, los nombres de Timoteo y Nicanor reaparecen, aunque el autor había mencionado anteriormente la muerte de Timoteo. Lo más probable es que se trate de otra persona con el mismo nombre. Judas ataca a Jope cuya población, habiendo fingido amistad con los judíos, da muerte a doscientos de estos. Judas, al saber que los de Yamnia tenían las mismas intenciones, planea un ataque a esa población. De camino a Yamnia, Judas tiene que luchar contra un ejército de árabes, saliendo vencedor. El Macabeo y sus hombres, entonces, atacan una ciudad fortificada de nombre Caspín. Se trataba de un lugar con población procedente de diversas naciones. Confiando de forma arrogante en la fortaleza de sus murallas, trataban groseramente a los hombres de Judas, dirigiéndoles insultos y blasfemias. Después de invocar al Señor del mundo, Judas y sus hombres, sin contar con arietes ni otras máquinas de guerra, derrumbaron ferozmente las murallas y aniquilaron a la población. Desde allí, los hombres de Judas persiguieron a Timoteo y Judas sostuvo otra batalla en una localidad llamada Carnión (vv. 17-26).

Judas y sus hombres llegan a Jerusalén en el tiempo en que se celebraba la fiesta de las semanas o Pentecostés. Terminada esta, marchan contra Gorgias, el gobernador de Idumea. Después de una dura batalla, Judas logra derrotar a las tropas de Gorgias. Cuando salió para sepultar a sus hermanos caídos en batalla, Judas se dio cuenta de que muchos de los caídos traían bajo sus mantos ídolos que la ley prohibía. Se cree que esa fue la causa por la que cayeron en batalla. Suplicaron entonces a Dios que les perdonara su pecado. Después, reuniendo entre sus hombres una cierta cantidad de dinero, Judas la mandó a Jerusalén, pidiendo que se ofreciera un sacrificio por el pecado de los hermanos caídos en aquella batalla.

Lectio divina

Pasa de 8 a 10 minutos en contemplación silenciosa del siguiente pasaje:

"Pues de no esperar que los soldados caídos resucitarían, habría sido superfluo y necio rogar por los muertos; mas, si consideraba que una magnífica recompensa está reservada a los que duermen piadosamente, era un pensamiento santo y piadoso. Por eso mandó hacer este sacrificio expiatorio en favor de los muertos, para que quedaran liberados del pecado" (2 Mac 12:44-46). Este pasaje ha inspirado en la Iglesia la práctica de ofrecer sufragios por los hermanos difuntos.

✠ ¿Qué más podemos aprender de este pasaje?

Día 5: La muerte de Nicanor (13-15)

Judas oyó que Antíoco V invadía Judea con un gran contingente de soldados. Lisias y Menelao marchaban con él. Menelao anhelaba el sumo sacerdocio. Lisias se lo contó al rey y este mandó que lo echaran desde una torre muy alta. A petición de Judas, el pueblo se postró ante Dios, suplicando su ayuda con llantos, ayunos y oraciones durante tres días. Habiéndose aconsejado con los ancianos, Judas y sus hombres marcharon contra el ejército enemigo, saliendo victoriosos. El rey buscó aliados en un lugar de nombre Bet Sur (13:18-26), atacó de nuevo las tropas de Judas y fue derrotado.

Habiendo oído de la rebelión liderada por Filipo, al cual había dejado encargado del reino, el rey volvió a toda prisa a Antioquía. De camino pactó la paz con los judíos.

Demetrio, hijo de Seleuco, y por tanto sucesor legítimo al trono, ocupó Antioquía e hizo matar a Antíoco V y a Lisias. Un tal Alcimo, que había sido anteriormente Sumo Sacerdote, hombre corrupto, se presentó a Demetrio y lo honró con regalos robados del Templo. Más tarde presentó graves acusaciones contra Judas y su grupo, diciendo que la paz en el reino seguiría en peligro mientras Judas estuviese vivo. Demetrio nombró a Nicanor gobernador de Judea, con la misión particular de matar a Judas, dispersar a sus seguidores e instalar a Alcimo como Sumo Sacerdote.

Habiendo escuchado de la valentía de Judas y sus hombres, Nicanor mantuvo inicialmente una actitud de amistad con ellos. Incluso animó a Judas a que se casara y tuviera hijos, lo cual hizo este. Al ver la benevolencia

---

de Nicanor para con Judas, Alcimo se presentó ante el rey, acusándolo de estar conspirando. El rey escribe al gobernador manifestando su descontento por la paz pactada con el Macabeo y le ordena que se lo envíe preso a Antioquía. Aunque disgustado con la orden real, Nicanor empezó a buscar una ocasión para cumplir la orden. Judas, al ver que el gobernador comenzaba a mostrarse hostil con él, huyó y se escondió.

Nicanor pensó que se estaba ocultando en el Templo. Amenazó a los sacerdotes para que se lo entregasen y levantando su brazo derecho contra el Templo, juró arrasarlo, demoler el altar y construir un templo a Dionisio en su lugar. Los sacerdotes, bajo juramento, dijeron que no sabían dónde se encontraba Judas. A continuación, Nicanor trató de apresar a un noble bienhechor de Jerusalén, de nombre Razías, creyendo que heriría gravemente al pueblo si le daba muerte. Para evitar semejante humillación, Razías se quitó la vida.

Nicanor entonces salió a la búsqueda de Judas que se encontraba en Samaría. Era un Sábado. En esa circunstancia, se proclamó señor de la tierra, tomando el lugar de Yahvé. "El Macabeo, por su parte, mantenía incesantemente su confianza, con la entera esperanza de recibir ayuda de parte del Señor, y exhortaba a los que lo acompañaban a no temer el ataque de los paganos, teniendo presentes en la mente los auxilios que antes les habían venido del Cielo, y a esperar también entonces la victoria que les habría de venir de parte del Todopoderoso" (15:7-8). Dios le confirmó en un sueño que vencería al enemigo. Los hombres de Judas afrontaron aquella dura batalla entre invocaciones y plegarias. "Luchando con las manos, pero orando a Dios en su corazón, abatieron a no menos de treinta y cinco mil hombres, regocijándose mucho por la manifestación de Dios" (15:27).

Los judíos celebraron aún más al descubrir que el cuerpo de Nicanor se encontraba entre los caídos en batalla. Judas ordenó que la cabeza de Nicanor y su brazo derecho fueran amputados, pues había levantado este contra el templo de Dios. Los llevó a Jerusalén y se los enseñó al pueblo y a los sacerdotes. Nicanor había hablado en su lengua con arrogancia, declarando que era el señor de la tierra. Por este motivo, su lengua fue cortada y echada a las aves. Todo el pueblo alabó al Señor por haber protegido el lugar sagrado. "La cabeza de Nicanor fue colgada de la Ciudadela, como señal manifiesta y visible para todos del auxilio del Señor" (15:35).

Lectio divina

Pasa de 8 a 10 minutos en contemplación silenciosa del siguiente pasaje:

El libro de los Macabeos, por tratar de un periodo de la historia de Israel marcado por tantas batallas, bajo el liderazgo de Judas y de sus hermanos, menciona una y otra vez la realidad de la muerte. Llama la atención el hecho de que el libro se concluya refiriendo la muerte de uno de los opresores del pueblo; pero a la vez, y de forma muy consoladora, el libro trata de la resurrección y de la vida eterna. Estas dos verdades de fe iluminan y dan un nuevo sentido a la misteriosa realidad de la muerte, algo que todos algún día tendremos que experimentar.

✠ ¿Qué más podemos aprender de este pasaje?

Preguntas de repaso

1. ¿Qué dice el Segundo libro de los Macabeos sobre Onías?
2. Según el libro que acabamos de estudiar, ¿de qué forma influía el Sumo Sacerdote en la vida de las personas?
3. ¿Qué podemos aprender de la historia de Eleazar y de la madre y sus siete hijos?
4. ¿Por qué fue un acontecimiento tan importante la purificación del Templo?

Acerca de los autores

El **P. William A. Anderson, DMin, PhD,** sacerdote de la diócesis de Wheeling-Charleston, Virginia del Oeste, director de retiros y misiones parroquiales,profesor, catequista y director espiritual. También fue párroco. Ha escrito numerosas obras sobre pastoral, temas espirituales y religiosos.

El P. Anderson obtuvo el doctorado en Ministerio por la Universidad y Seminario de Santa María de Baltimore y el doctorado en Teología Sagrada por la Universidad Duquesne de Pittsburgh.

El **P. Lucas Teixeira** nació en Ijui, Brasil en 1974. Estudió Humanidades Clásicas en Connecticut, Estados Unidos y Filosofía y Teología en el Pontificio Ateneo Regina Apostolorum de Roma. Es sacerdote desde 2007, y desde entonces se ha venido especializando en Sagrada Escritura en el Pontificio Instituto Bíblico de Roma, donde actualmente lleva a cabo sus estudios de doctorado.

Cuenta también con estudios en lenguajes semíticos antiguos mismos que llevó a cabo en la Universidad de Leiden (Holanda). Se ha especializado en el estudio de los Padres de la Iglesia y de la tradición litúrgica, y en su integración con los distintos enfoques bíblicos actuales.

www.ingramcontent.com/pod-product-compliance
Lightning Source LLC
LaVergne TN
LVHW051248080426
835513LV00016B/1807